지도로 만나는 아슬아슬 지구과학

초판 1쇄 발행 2007년 2월 1일
초판 9쇄 발행 2014년 3월 5일

글 손영운
그림 조경규
펴낸이 고영은 박미숙

편집이사 인영아 | 편집장 이준희 | 책임편집 이경화
뜨인돌기획팀 박경수 강은하 김현정 김영은 장은선 홍신혜
뜨인돌어린이기획팀 이경화 여은영 | 디자인실 김세라 오경화
마케팅팀 이학수 오상욱 진영수 | 총무팀 김용만 고은정

펴낸곳 뜨인돌출판(주) | 출판등록 1994.10.11(제2011-000185호)
주소 121-896 서울시 마포구 성미산로 6길 45
홈페이지 www.ddstone.com | 블로그 blog.naver.com/ddstone1994
노빈손 카페 cafe.naver.com/nobinson4u
대표전화 02-337-5252 | 팩스 02-337-5868

ⓒ 2007 손영운, 조경규

ISBN 978-89-92130-31-8 73450)
(CIP제어번호 : CIP2010001242)

지도로 만나는 아슬아슬 지구과학

손영운 글 | 조경규 그림

뜨인돌어린이

차례

- 신나는 지구과학 탐험을 떠나기 전에 | 6
- 출발, 지구과학 탐험! | 8
- 모르면 큰일 나는 지구과학 용어 | 10

● **지질과학**

흔들리는 땅 지진 | 14
(초등 6-1 지진, 중등 1 지구의 구조, 중등 2 지구의 역사와 지각 변동)

살아 있는 산 화산 | 24
(초등 5-2 화산과 암석)

지구의 옛 주인 공룡 | 34
(초등 4-2 지층을 찾아서, 화석을 찾아서)

● **해양과학**

지구 생명체의 고향 바다 | 46
(중등 1 해수의 성분과 운동)

바다의 심술쟁이 엘니뇨 | 56
(중등 1 해수의 성분과 운동)

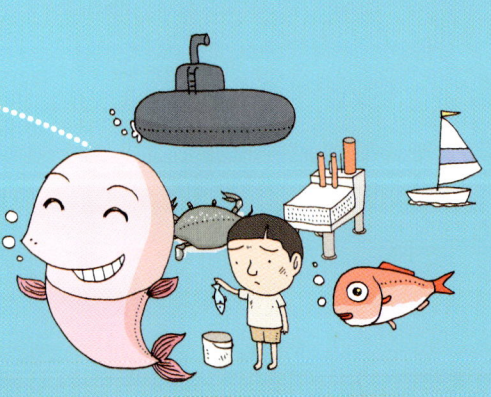

● 기상과학

소중한 날씨 친구 바람 | 68
(초등 4-1 강과 바다, 초등 5-1 기온과 바람, 중등 1 지각의 물질)

바다에서 태어난 악당 태풍 | 78
(초등 6-2 일기예보, 중등 3 일기 변화)

환상의 매직쇼 오로라, 지구 수비대 오존층 | 88
(초등 6-2 쾌적한 환경)

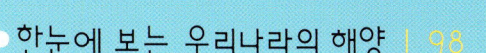

- 한눈에 보는 우리나라의 해양 | 98
- 한눈에 보는 지구과학 관련기관 | 100
- 한눈에 보는 세계의 극지 | 102

- 정답을 알려 줄게 | 104
- 찾아보기 | 106

신나는 지구과학 탐험을 떠나기 전에

◀ 소개

본격적인 여행을 떠나기 전에 준비 운동을 하는 페이지예요.
지구과학 주제와 관련된 또리의 친구들이 등장해 지식과 재미를 함께 전달해 줍니다.

자연 재해 BEST ▶

역사상 지진, 화산 등으로 큰 피해를 입었거나, 또는 가장 아름다운 자연 현상을 볼 수 있는 세계 각국의 모습들을 담았습니다.

지도 ▶

양면으로 펼쳐진 널따란 세계 지도 위에 지구과학 관련 요소들을 그려 넣었습니다. 글과 그림으로 엮어진 지도 위의 지구과학, 너무 재미있겠다!

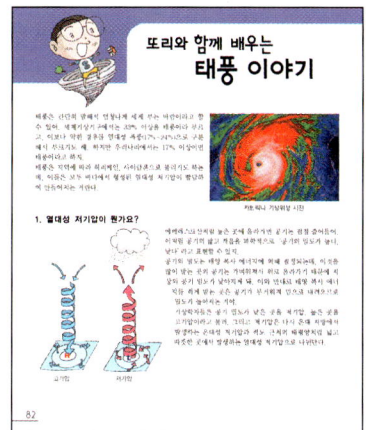

◀ 또리와 함께 배우는 지구과학

또리와 함께 본격적으로 지구과학을 배워 나가는 페이지입니다. 또리와 먼저 예습하고 나면 학교 수업 역시 손쉽게 따라갈 수 있겠죠?

지구과학 뒷이야기와 도전 퀴즈! ▶

호기심 풍부한 친구들을 위해 요모조모 뒷이야기 페이지를 마련했어요. 긴장감 넘치는 도전 퀴즈도 함께 만나 볼 수 있습니다.

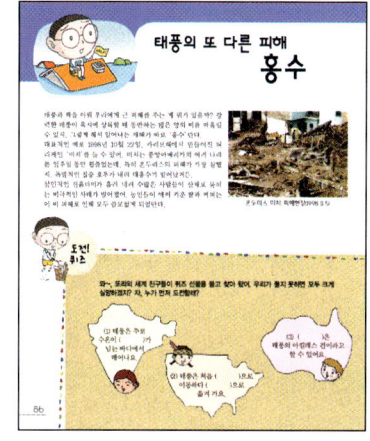

◀ 만화

각 장 본문에서 배운 지식들을 만화를 통해 다시 한번 복습하는 페이지입니다. 물론 우리가 알지 못했던 새로운 내용들도 가득 들어 있어요.

신난다, 재미난다
출발, 지구과학 탐험!

또리야, 널 위해 준비한 선물들이야!

요정이 주는 신기한 선물들

 **특수안경** : 자외선 차단, 줌 기능은 기본! 게다가 뜨거운 화산 열에도 절대 녹지 않지.

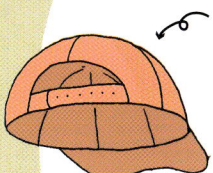 **울트라 안전모** : 100톤짜리 돌멩이가 날아와도 끄떡없이 버텨내는 초강력 울트라 안전모야. 그런데 얼큰이 또리 머리에 들어가려나?

슈퍼 또리 망토 : 한 단계 업그레이드 된 비행 기능을 갖춘 최신형 슈퍼 망토야. 지구 어디든 1시간 내 돌파 가능해.

 **회오리 막대 사탕** : 최강 비밀 병기 사탕이라는데, 그 기능은 나도 잘 몰라~!

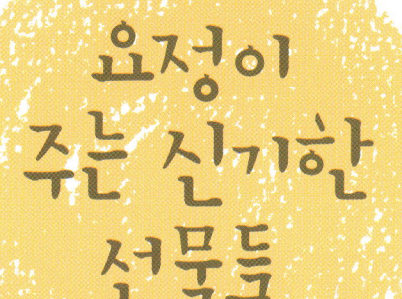

이름 : 또리
나이 : 12세
별명 : 자칭 '또사마', 타칭 '얼큰이'
성격 : 친구들을 위한 일이라면 발 벗고 나서는 의리 짱, 용기 짱!

신발 : 밑창이 신축 소재라 점프를 아주 높게 할 수 있어. 심장 약한 사람은 사용 금물! 비상시엔 초고속 힐리스로도 사용 가능해.

 **귀마개 통역기** : 혹시 북극곰과 마주치면 대화할 수 있게 동물 언어 통역 기능을 추가했어.

 **'S'자 셔츠** : 'S'자를 꾹 눌러봐. 그럼 단단한 돌 벽도 순식간에 뚫는 레이저 광선이 나와.

다기능 삽 : 요새 또리를 보니까 뱃살이 장난 아니더라고. 삽 하나로 전신 운동을 할 수 있게 만들었어.

 **책(?)가방** : 겉모양만 책가방이야. 이 안에는 쑥쑥 힘을 길러 주는 뽀빠이 식량이 들어 있어.

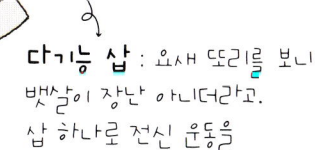

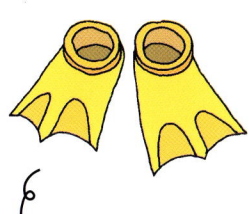 **맘대로 거위발** : 깊은 바닷속도 맘대로 들락날락 할 수 있는 거위발을 개발했어. 크기 조절은 자유야.

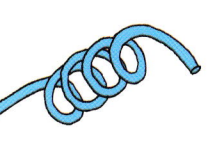 **대롱대롱 스노클** : 회오리 모양으로 특별 제작한 거란다. 또리의 건강을 위해 공기정화 기기도 장착했어.

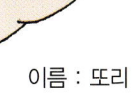 **'구해 줘' 깃발** : 위급상황이 발생하면 이 깃발을 마구 흔들어. 그럼 또미가 구해 주러 올 거야.

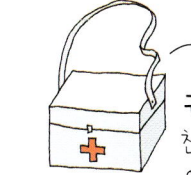 **구급 비상약** : 자연 재해로 다친 친구들을 치료해 줄 비상약이야. 우리 또리는 자원봉사도 열심히 할 수 있지?

모르면 큰일나는 지구과학 용어

태양광선은 어떻게 분류될 수 있나요?

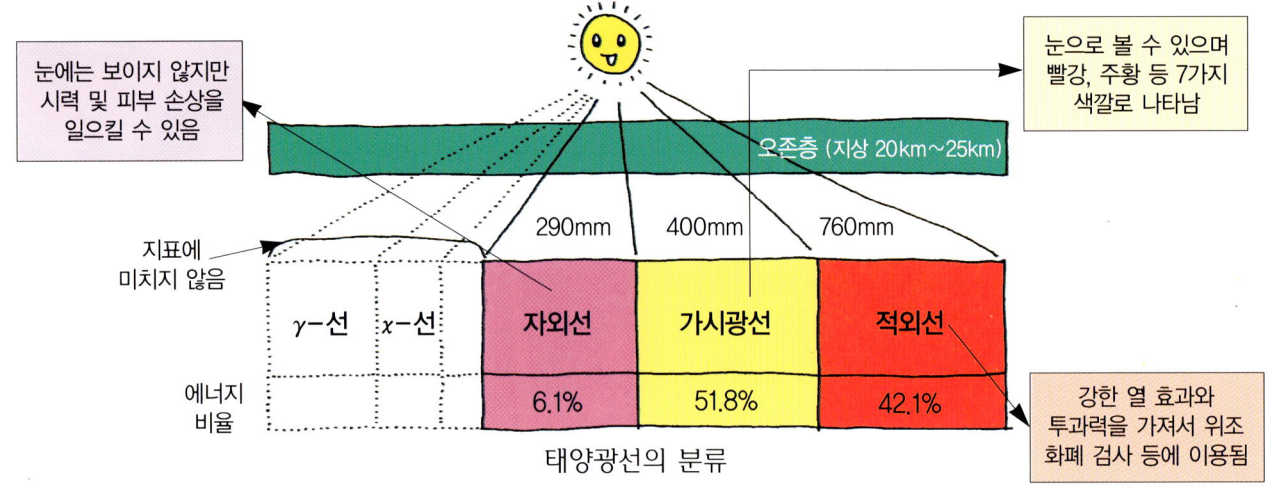

태양광선의 분류

지구는 왜 점점 더워지는 건가요?

화석연료의 사용 증가와 삼림 훼손으로 인해 이산화탄소 등의 온실가스가 많이 배출되었어. 이는 결국 지구의 이상기후 발생과 생태계 파괴로 이어졌단다.

온실효과의 발생과정

바닷속은 어떻게 생겼을까요?

대륙붕 : 해변으로부터 약 200m까지 경사가 완만한 해저 지형
대륙사면 : 대륙붕과 대양저 사이에 있는 해저 지형
해구 : 바다 속 움푹 들어간 좁고 긴 곳
대양저 : 바다 밑에 넓게 펼쳐진 바닥 부분
해령 : 바다 밑에서 산맥 모양으로 솟은 지형
해산 : 대양 밑바닥에서 원뿔 모양으로 우뚝 솟은 봉우리
기요 : 수심 200m 아래 정상 부분이 편평한 수중 화산
화산섬 : 바다 밑에서 화산이 솟아서 생긴 섬

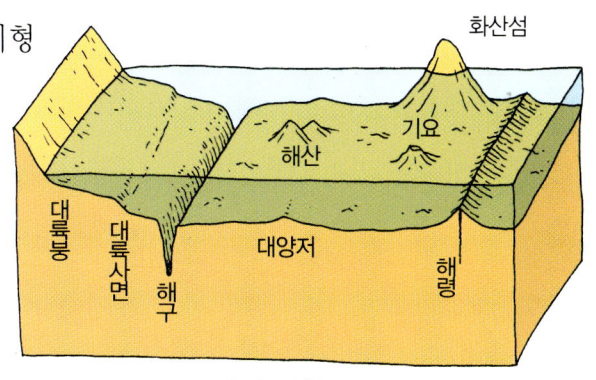

해저 지형

날씨를 나타내는 기호에는 어떤 것들이 있나요?

일기현상	● 비	◐ 진눈깨비	≡ 안개	▽ 소나기
	✱ 눈	⚡ 뇌우	• 가랑비	▽ 소낙눈
운량	○ ◐ ◑ ◕ ● ● ● ● ● ⊗ 0　1　2　3　4　5　6　7　8　9			
일기기호	0　5　10　15　25　50　60　노트 온난전선　한랭전선　고기압 Ⓗ　풍속선 폐색전선　정체전선　저기압 Ⓛ　풍향선 　　　　　　　　태풍 ↻ 기온 / 현재 날씨 / 이슬점온도 기압 / 기압변화량 / 과거 날씨			

일기 기호

진눈깨비 : 둥글고 투명한 얼음 알갱이
뇌우 : 천둥소리와 함께 내리는 비
운량 : 구름의 양
온난전선 : 따뜻한 공기가 찬 공기를 밀어내면서 생기는 전선
한랭전선 : 찬 공기가 따뜻한 공기 아래로 파고들 때 생기는 전선
폐색전선 : 온난전선과 한랭전선이 겹쳐지면서 생긴 전선
정체전선 : 찬 공기와 따뜻한 공기의 경계면이 한곳에 머물러 있는 전선
이슬점온도 : 공기 중 수증기가 응결하여 물체 표면에 물방울이 맺힐 때의 온도

지질과학

 지진

 화산

 공룡

흔들리는 땅
지진

안녕! 나는 '모호로비치치' 박사야. 이름이 좀 특이하지? 나는 1909년 10월 8일, 동유럽에 있는 발칸 반도에서 일어난 지진을 연구하다가 지각 아래에 맨틀이 있다는 사실을 처음으로 발견했어.

지진은 지구가 만들어지고 나서부터 지금까지 끊임없이 발생했단다. 하지만 그러한 현상이 왜 일어나는지 원인을 알게 된 것은 최근의 일이야. 옛날 사람들은 신이나 자연의 신비로운 힘이 지진을 일으키는 것으로 생각했거든.

인류가 겪는 자연 재해 중 가장 많은 피해를 끼친 것이 바로 지진이야. 20세기 들어 지구에서 지진이 일어난 시간은 모두 합쳐 1시간이 채 되지 않지만, 그 시간 동안 200만 명이 넘는 사람들이 목숨을 잃었단다. 이건 1초 당 평균 560명이 죽은 거와 같아.

2005년 10월 8일, 파키스탄 북동부에 있는 카슈미르 지방에서 지진이 일어났는데, 약 1분 동안 사망자가 2만 여명에 달했다고 해. 그 후 45차례 이상 이어진 여진으로 총 8만 명이 넘는 사람들이 목숨을 잃었단다. 이것은 마치 강력한 원자 폭탄이 떨어졌을 때 입는 피해와 맞먹는다고 하니 생각만 해도 너무 무시무시하지? 그래도 너무 겁먹을 필요는 없어. 평소 지진에 대한 준비를 철저히 하면 설사 지진이 일어난다고 해도 피해를 최소로 줄일 수 있단다.

자, 그러면 땅이 오르락내리락 거리게 만들고 우리의 소중한 삶터까지 앗아가는 무서운 지진에 대해 한번 집중적으로 파헤쳐 볼까? 먼저 세계 지도부터 펼쳐 보자고.

초등 6-1 지진
중등 1 지구의 구조
중등 2 지구의 역사와 지각 변동

온몸이 부들부들 지진 Best

가장 많은 사람들이 목숨을 잃었던 지진

2004년 12월 크리스마스 다음 날, 인도네시아의 수마트라 섬 근처 바다 밑에서 엄청나게 큰 지진이 일어났어. 지진이 처음 발생한 지층이 꿈틀대면서 서로 어긋나기 시작한 거지. 무려 1,000km에 이르는 긴 구간이 마치 종이가 결을 따라 찢어지듯이 갈라진 거야. 이때 발생한 쓰나미로 주변 국가에서 약 28만 명의 사람들이 목숨을 잃었어.

폐허가 된 인도네시아 반다 아체 거리

가장 큰 규모로 일어났던 지진

1960년 5월, 칠레의 남부 해안 지방에서 리히터 규모 9.5의 강진이 발생했어. 이 지진으로 약 2,000명의 사람들이 죽었는데, 이때 발생한 거대 쓰나미는 태평양을 건너 일본과 필리핀까지 덮쳤다고 해. 이뿐만 아니라 2개의 휴화산까지 폭발하는 바람에 더욱 큰 피해를 낳았지.

칠레 발디비아 지진 피해 현장

가장 많은 재산 피해를 냈던 지진

1995년 1월, 일본의 지진 관측 사상 가장 큰 파괴력을 지닌 지진이 항구도시 고베에서 일어났어. 약 6,300여 명의 사람들이 목숨을 잃었고 20만 명이 넘는 이재민이 발생했지. 이때 발생한 재산 피해액이 자그마치 200조 원에 달했다고. 조선과 철강 산업의 중심지였던 고베는 이 지진으로 교통 및 통신 시설 등이 크게 파괴되었어.

지진으로 무너져 버린 고베의 모습

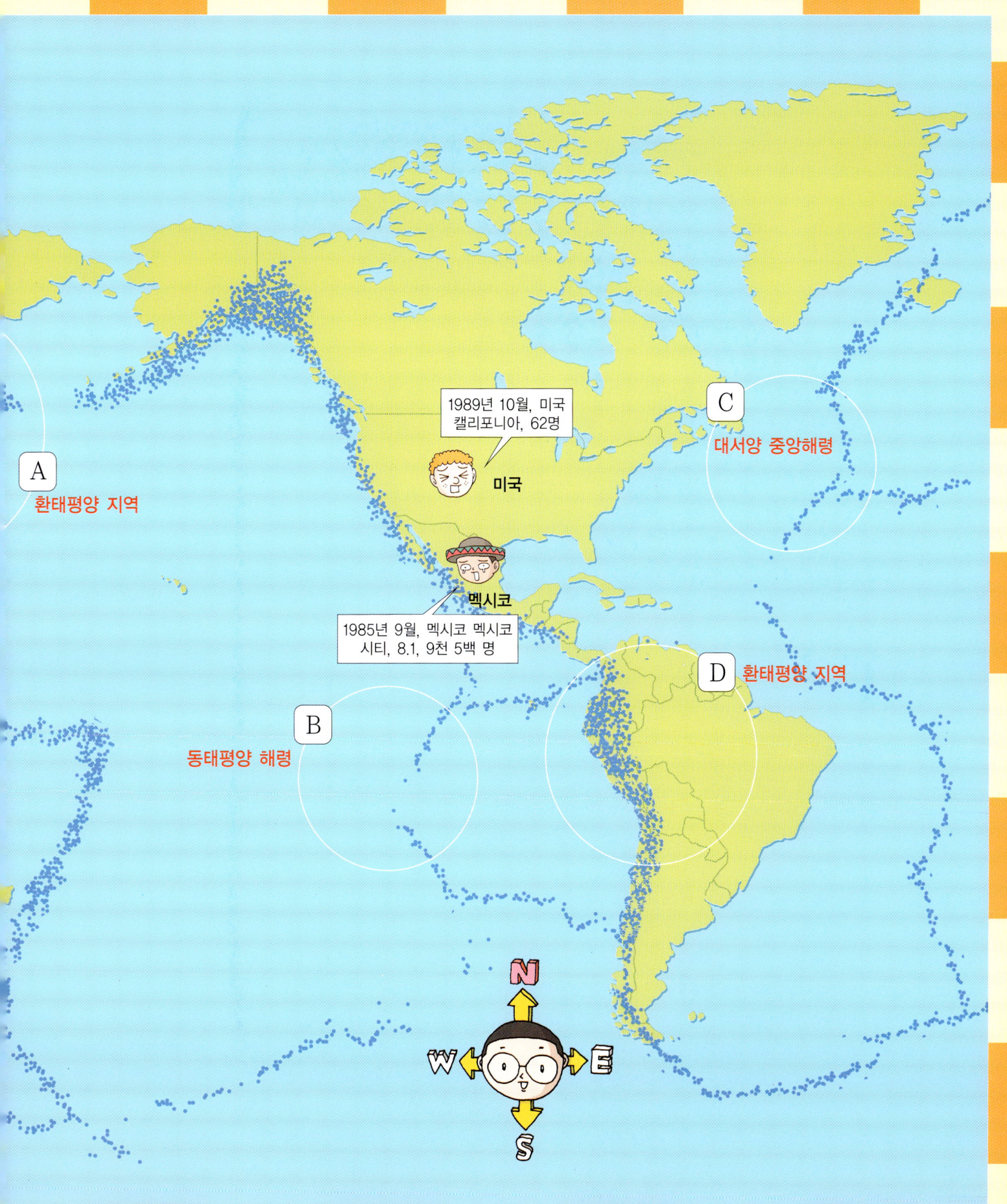

또리와 함께 배우는 지진 이야기

옛날 미국의 인디언들은 지구에 사람들이 너무 많아서 지구를 떠받들고 있는 신들이 이들을 떨어뜨리기 위해 지진을 일으킨다고 생각했단다. 또 일본 사람들은 진흙 속에 사는 커다란 메기가 장난을 쳐 지진을 발생시킨다고 믿었어. 그래서 일본의 3대 축제 중의 하나인 간다사이(神田祭) 행렬을 보면 머리에 큰 돌을 이고 있는 메기가 등장하지. 이것은 이렇게 돌로 메기를 눌러놓으면 지진이 일어나는 것을 막을 수 있지 않을까 하는 사람들의 소망을 담은 거야.

그렇다면 지진은 정말 신이나 커다란 동물들이 일으키는 걸까? 자, 지금부터 지진이 일어나는 원인을 과학적으로 알아 보자고.

1. 지진이 뭔가요?

지진은 지층이 어긋날 때 그곳에 축적되어 있던 에너지가 한꺼번에 터져 나오면서 일어나는 지각 운동이야. 지진이 일어난 곳을 진원이라고 하는데, 실제로 암석의 파괴가 일어나면서 지진파가 출발하는 지점을 의미하지. 왼쪽 그림에서 진원이 위치한 곳 위에 있는 진앙은 지진 피해를 가장 심하게 입는 지역이기도 해.

진원과 진앙

2. 지진은 왜 일어나나요?

과학자들은 지구의 겉을 이루는 지각이 여러 개의 커다란 판으로 이루어져 있다는 것을 알아냈어. 이 '판(plate)'은 얇은 접시처럼 생겼는데, 지구의 가장자리를 덮고 있는 지각과 맨틀의 일부를 뜻하지. 두께는 대략 100km 정도이고 1년에 평균 4cm 정도 서로 다른 방향을 향해 움직이고 있어.

지구를 덮고 있는 거대한 판들이 서로 밀리거나 비켜 지나가면 지층에 엄청난 크기의 압력이 가해지게 돼. 그런데 어느 시점에 이르면 지층은 더 이상 압력을 견디지 못하고 위아래로 어긋나게 된단다. 그러면 그동안 억눌려 있던 에너지가 지층 주변에 있던 암석을 거대한 파도처럼 물결치게 만드는 거야. 이때 지각은 큰 진동을 일으키는데, 이것이 바로 지진인 거지. 이런 판과 판의 이동은 지진을 일으키는 가장 큰 요인으로 작용하곤 해.

지금 바로 집에 있는 나무 젓가락을 이용하면 간단한 지진 실험을 해 볼 수 있어. 양손으로 나무젓가락을 쥐고 그것을 아래로 구부러뜨려 봐. 처음에는 휘어지기만 하다가 어느 순간 '딱' 하고 부러질 거야. 이때 양손에 '부르르' 진동이 느껴지지 않아? 이처럼 지진도 땅이 어긋날 때 생기는 진동과 같은 거야.

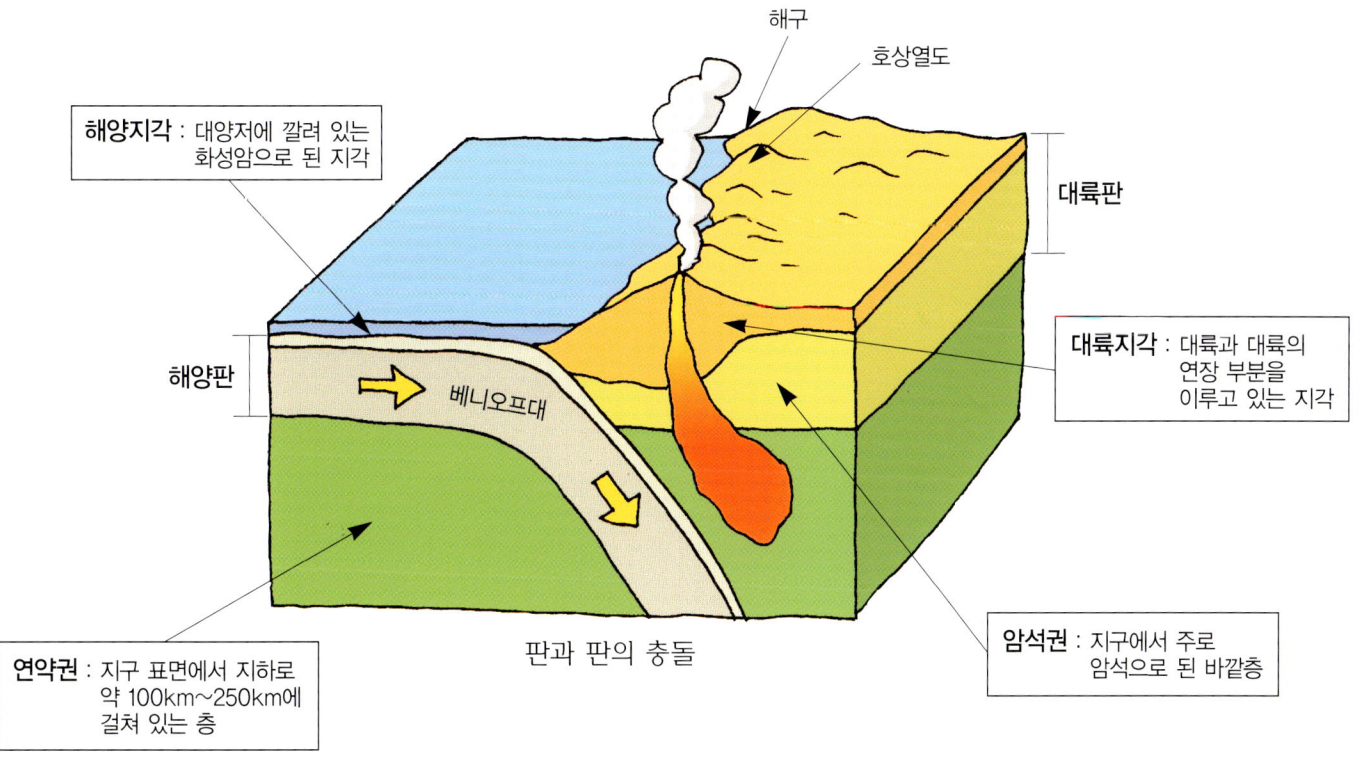

판과 판의 충돌

3. 지진은 어떻게 이동하나요?

큰북을 북채로 '쨍'하고 내리치면 북의 표면이 심하게 떨리는 것을 볼 수 있어. 그 떨림은 '쿵쿵'하는 소리(음파)를 통해 사방으로 전달돼. 지진 역시 땅속에서 아주 커다란 북이 울리는 것과 같은 원리로 지진파를 통해 에너지를 멀리까지 보내는 거야.

지진파는 아래 그림처럼 크게 P파와 S파로 구분할 수 있어. 지진이 일어났을 때는 두 지진파가 동시에 발생하지만, 이동속도와 땅이 흔들리는 방향이 각각 달라. P파는 속도가 빠르고 진행 방향과 진동 방향이 같지만, S파는 속도가 느리고 진행 방향과 진동 방향이 수직을 이룬단다.

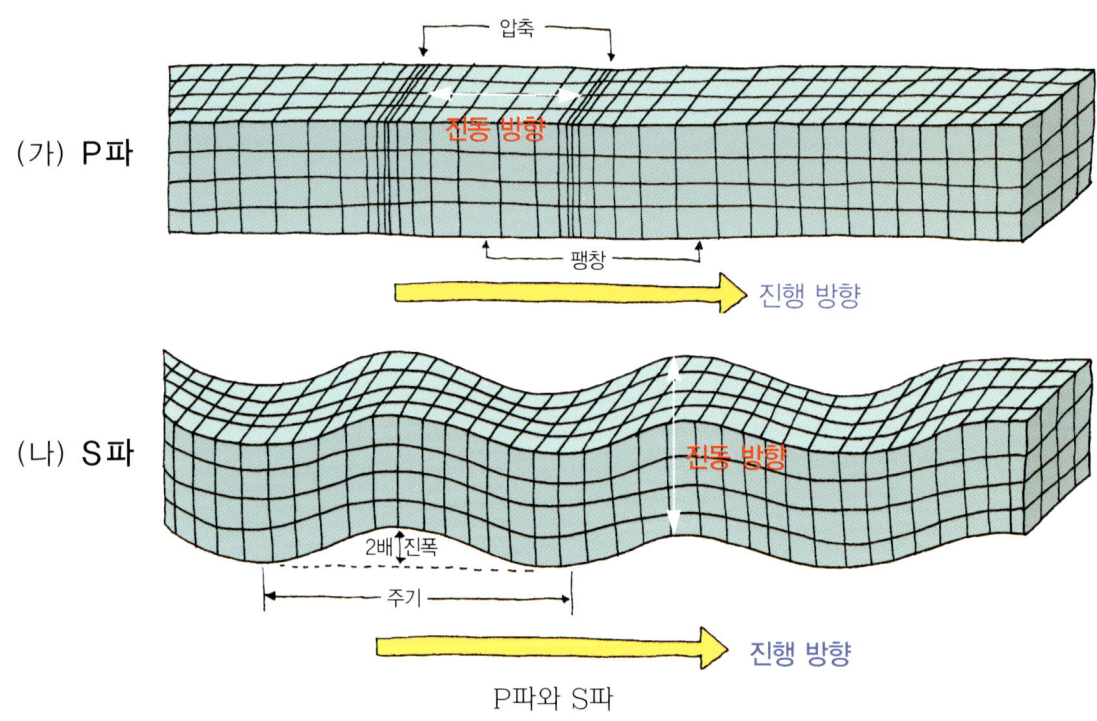

P파와 S파

4. 지진의 피해가 큰 이유는 무엇인가요?

첫째, 지진파는 소리보다 약 18배나 빠른 속도로 이동해. 이 속도는 총알보다 빨라서 지진이 발생하면 멀리 도망갈 틈이 없단다. 둘째, 지진은 다른 자연 재해보다 발생 범위가 아주 넓어. 1960년, 칠레에서 일어났던 지진은 지구를 몇 바퀴나 돌 정도로 넓은 지역까지 퍼져 나갔다고 해. 셋째, 지진은 엄청난 에너지를 가지고 있어. 1964년, 알래스카에서 지진이 발생했을 때 프랑스 정도 크기의 땅덩어리가 한쪽으로 기울어졌다지? 이렇게 지진은 아주 큰 에너지를 갖고 있다가 예고도 없이 갑자기 일어나서 넓은 지역을 총알보다 빠르게 이동하는 거야. 우리가 지진한테 속수무책으로 당할 수밖에 없는 이유가 바로 여기에 있단다.

돌이킬 수 없는 재앙
파키스탄 대지진

2005년 10월 8일, 파키스탄에서 리히터 규모 7.6의 강진이 발생해서 약 10만 명의 인명을 앗아갔어. 아래 그림은 그때 일어난 지진의 발생 과정을 나타낸 거야.

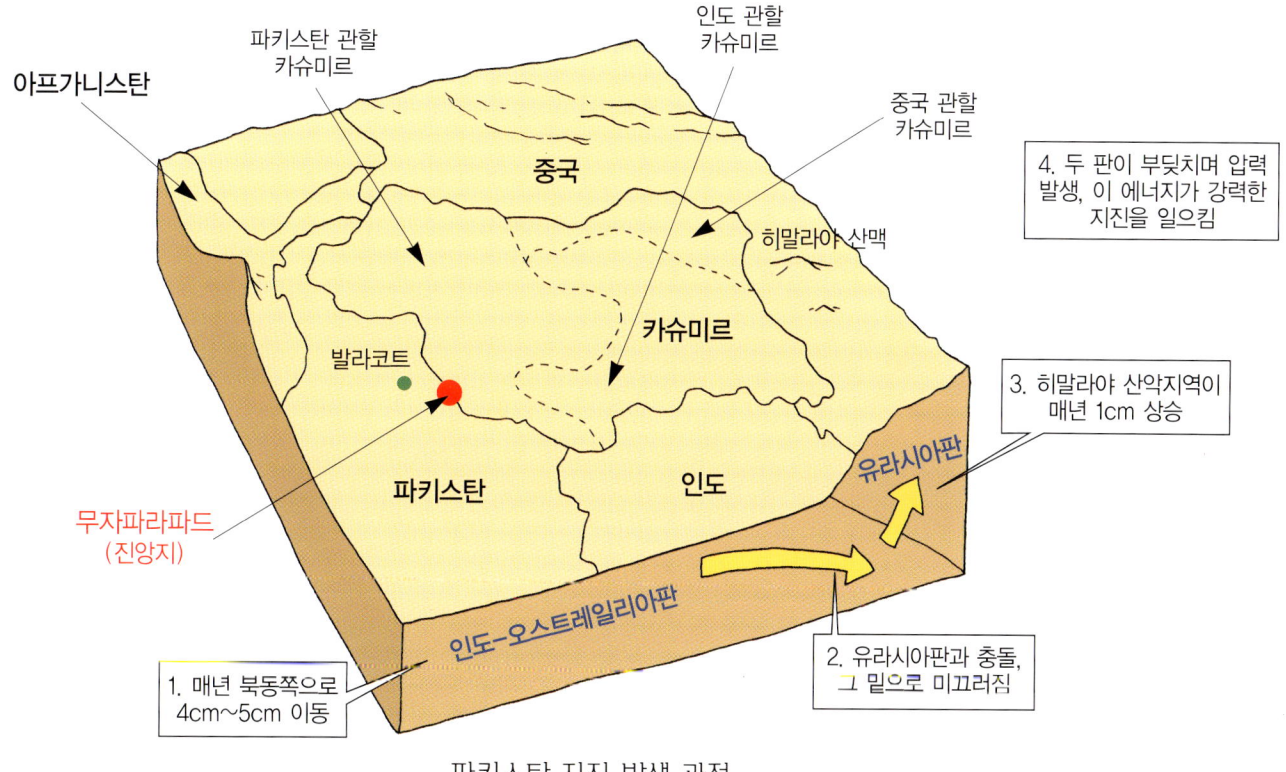

파키스탄 지진 발생 과정

사실, 파키스탄 대지진은 예고된 재해였다고 할 수 있어. 왜냐하면 파키스탄은 유라시아판과 인도-오스트레일리아판이 서로 충돌하는 경계 위에 있기 때문이지. 특히, '인도-오스트레일리아판'은 매년 약 4cm씩 북동쪽으로 이동하면서 유라시아판과 충돌해 지층의 균열이 일어나게 한단다.

파키스탄 사람들은 이런 불안정한 곳에서 평생을 살아야 한대. 혹시나 지진이 일어나지 않을까 늘 공포에 떨어야 하다니 너무 불쌍하지? 그래서 말인데 지금보다 지진에 대한 연구가 더욱 많아져서 지진에 대한 대비를 철저히 할 수 있었으면 좋겠어. 만약 외국 친구들이 지진으로 인해 어려움을 겪게 되면 우리 열심히 도와주기로 약속하자.

지진의 또 다른 피해
쓰나미

쓰나미는 지진으로 인해 발생하는 2차 재해인 지진 해일을 뜻하는 일본 말이야. 바다 밑에서 지진이 일어났을 때 바닷물이 크게 출렁이는 현상을 말하지. 쓰나미가 일어나기 위해서는 반드시 바다 밑에서 지진이 일어나야 하고, 지진으로 인해 생기는 단층의 방향이 수직 방향이어야 한단다. 쓰나미가 일어나면 엄청난 양의 바닷물이 육지로 덮쳐 와 수십만 명이 목숨을 잃곤 해.

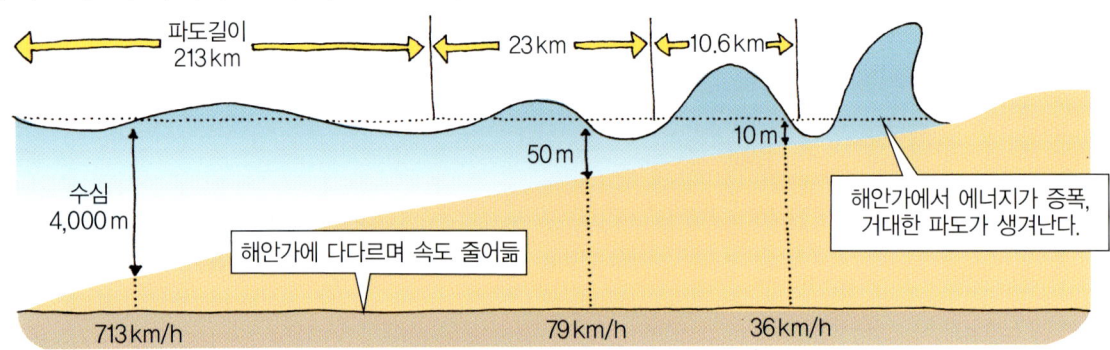

쓰나미 생성 과정 모형

도전! 퀴즈

똘똘이도 또순이도 잘 찍기면 하면 100점을 받는 OX퀴즈! 자, 한번 맞춰 보세요.

1. 지금까지 발생한 지진 중 가장 많은 재산 피해를 냈던 지진은 1995년 일본의 고베 지진이었다.
2. 지진이 가장 많이 발생하는 곳은 중앙 해령 지진대이다.
3. 지진은 지구의 겉 부분을 덮고 있는 커다란 지각판들이 서로 부딪치거나 밀릴 때 일어난다.
4. 2005년에 일어난 파키스탄 대지진은 아프리카판과 유라시아판이 충돌했기 때문에 발생한 것이다.
5. 쓰나미는 바다 밑에서 지진이 일어날 때 생기는 거대한 해일로 지진보다 더 큰 피해를 주기도 한다.

또리의 지진 대비책

지진이 일어나도 용기 100배!

살아 있는 산 화산

안녕, 나는 그리스 신화에 나오는 대장장이의 신 '헤파이토스'야. 영어식 이름으로는 불칸(Vulcan)이라고 하지. 영어 사전을 찾아보면 화산을 볼케이노(Volcano)라고 하는데, 바로 내 이름 불칸에서 따온 거야.

그럼 내 소개를 좀 해볼까? 나의 아버지는 그리스 신화의 최고 신 제우스이고, 어머니는 한 성질 하는 헤라 여신이야. 어머니는 내가 태어나자 너무 못생겼다고 화를 냈대. 그래서 나를 올림포스산 아래로 집어던졌어. 아니, 내가 무슨 새끼사자도 아니고 세상에 자식을 산 밑으로 집어 던지다니! 아무튼 그 덕분에 나는 평생을 절름발이로 살아야 했단다.

그래도 다행히 손재주가 좋아서 신들의 인기를 독차지했어. 그 유명한 올림포스 신전도 내가 지었고, 태양의 신 헬리오스의 마차도 내가 만든 거야. 제우스 신이 인간들에게 벌을 내릴 때 사용하는 번개 있잖아? 그것도 내 작품이지. 이렇게 능력이 뛰어나다 보니 미의 여신이라는 아프로디테가 나와 결혼해 주지 않았겠니.

하지만 나는 내 모습을 보이기 싫어서 땅속에 계속 숨어 살았어. 그곳이 바로 이탈리아에 있는 에트나산 밑이야. 가끔 이 화산이 폭발할 때가 있는데, 그건 내가 그 때 신들에게 드릴 뭔가를 만들기 위해 쇠망치를 두드리고 있기 때문이야. 그래서 사람들은 나를 '불과 화산의 신'으로 부른단다. 이제 내가 왜 너희들 앞에 나타났는지 감이 좀 잡혔겠지? 자, 그러면 지금부터 위험하면서도 흥미진진한 화산 탐험을 시작해 볼까?

초등 5-2 화산과 암석

아휴, 너무 뜨거워! 화산 Best

가장 많은 사람들이 목숨을 잃었던 화산

1815년, 인도네시아에서 탐보라산이 폭발해 약 9만 2,000명의 사람들이 목숨을 잃었어. 탐보라산이 뿜어낸 100㎦ 이상의 화산재는 약 3일 동안 하늘을 뒤덮었고, 1년이 지난 후에도 여전히 남아 햇빛을 가렸단다. 그로 인해 전 세계가 여름이 없는 한 해를 보냈다지.

가장 규모가 큰 화산

지구에서 규모가 가장 큰 화산은 하와이에 있는 마우나로아산이야. 폭이 120㎞, 높이는 바닷속에 잠긴 부분까지 합쳐 총 9,000m라고 해.

하와이 마우나로아산

하와이 킬라우에아산

가장 활발한 활동을 하고 있는 화산

하와이에 있는 킬라우에아산은 1983년 이래, 한순간도 쉬지 않고 계속 용암을 분출하고 있대. 그 덕분에 월드컵 축구 경기장 면적의 140배가 넘는 땅이 새로 생겼다는구나.

또리와 함께 배우는
화산 이야기

옛날 원주민들은 화산 활동이 유난히 많은 하와이에 살면서 펠레라는 여신을 섬겼단다. 펠레는 '화산의 여신'으로 원래 타이티에서 태어났는데, 언니인 나마카오카하이와 싸우는 바람에 쫓기는 신세가 되었어. 그래서 하와이의 킬라우에아산 분화구까지 도망쳐 나오게 된 거야.

펠레 여신은 자신의 처지에 너무 화가 난 나머지 발길질을 해댔고, 그 와중에 화산이 폭발해서 용암이 흘러 나왔어. 그러면서 새로운 섬들이 만들어지기 시작했단다. 이렇게 펠레 여신은 하와이 원주민들의 미움과 사랑을 동시에 받는 존재가 되었단다. 그럼 지금부터 화산이 생기는 원리를 과학적으로 파헤쳐 볼까?

1. 화산이 뭔가요?

화산이 되려면 전에 먼저 맨틀 위쪽 부분의 마그마가 모여들어야 해. 이렇게 뜨거운 마그마가 계속 한 곳으로 모이면 압력이 크게 높아지지. 그러면 가스와 마그마가 지각의 약한 틈을 타고 조금씩 올라오다가 사이다 병뚜껑이 열리듯 '뻥' 하고 지표를 뚫고 위로 치솟게 되는 거야. 처음에는 가스가 먼저 튀어나오고, 그 다음으로 화산재와 같은 분출물이 마구 쏟아지다가, 마지막으로 시뻘건 용암이 주위의 모든 것을 집어 삼키며 꾸물꾸물 흘러나오지. 용암은 화산 주위에 쌓여 식으면서 산을 더 크게 만들거나, 또는 바다 쪽으로 흘러간 뒤에 용암 대지를 만들어 땅을 넓히기도 한단다.

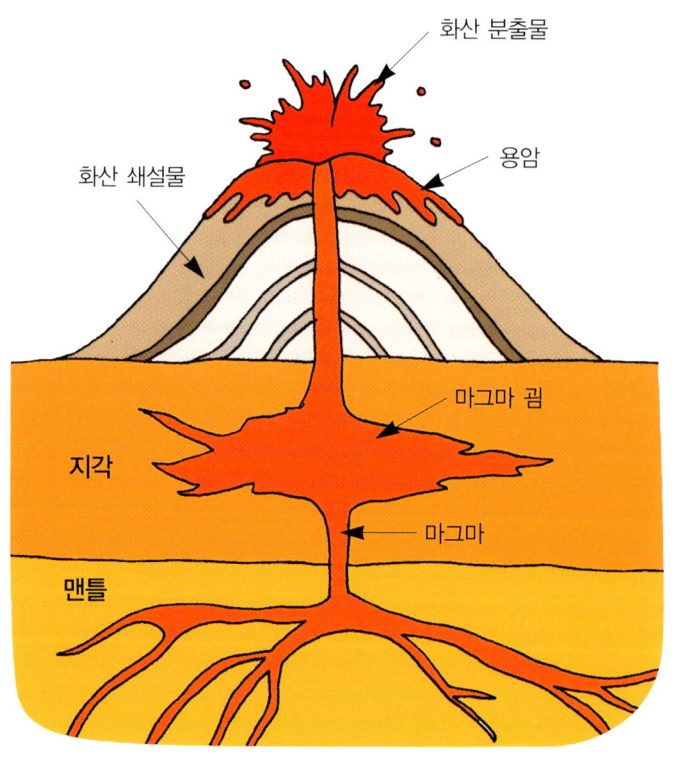

화산의 구조

2. 화산의 종류에는 어떤 것이 있나요?

 활동 정도에 따른 구분

- 활화산
  현재 활동하고 있거나 과거에 분화한 적이 있었던 화산으로, 활동 가능성이 높은 화산을 말해. 킬라우에아산 같은 경우를 예로 들 수 있어.

- 휴화산
  지금은 활동을 하지 않지만 과거에 활동했던 흔적이 있고, 언젠가 다시 활동할 가능성이 남아 있는 화산이지. 우리나라의 백두산과 한라산이 여기에 속한단다.

- 사화산
  활동을 멈추고 다시는 분화하지 않을 것이라 예상되는 화산인데, 그래도 가능성이 아주 없는 것은 아니야. 음, 항상 꺼진 화산도 다시 봐야겠지?

 모양에 따른 구분

- 순상화산
  용암의 점성(끈끈한 정도)이 작아서 비교적 용암이 조용하게 흘러내리지. 마치 방패를 엎어 놓은 듯 경사가 완만한 화산들을 말해.

- 성층화산
  용암류와 화산 쇄설물이 교대로 여러 겹 쌓여 이루어진 화산이야. 화산의 규모가 크고 경사가 급해.

- 종상화산
  점성이 큰 용암으로 이루어진 화산인데, 용암이 멀리 흐르지 못하고 주로 화구 부근에 굳어서 화산들이 종 모양으로 형성된단다.

순상화산-하와이 마우나로아산

성층화산-일본 후지산

종상화산-제주도 산방산

3. 화산은 어디에서 일어나나요?

 해저 산맥이 형성되는 곳

지구에서 가장 큰 규모로 화산이 일어나고 있는 곳이라고 할 수 있지. 다만 바다 밑에 있기 때문에 보이지 않을 뿐이야. 바닷속에는 가운데가 움푹 패여 있는 긴 지형이 나 있는데, 이건 모두 화산 활동으로 만들어진 산맥이야. 지구를 두 바퀴나 휘감을 수 있을 만큼 그 규모가 대단하단다.

 판과 판이 부딪치는 부근에서 한쪽 판이 아래로 들어가는 곳

판과 판이 부딪칠 때 생기는 엄청난 마찰열에 의해 마그마가 만들어지고, 그것이 지각의 갈라진 틈 사이로 분출되면서 화산이 되는 거야. 오른쪽 그림에서 활등처럼 굽은 모양을 띠고 잇는 호상열도를 볼 수 있을 거야. 일본은 이런 호상열도가 모여서 된 나라이기 때문에 화산 활동이 왕성하단다.

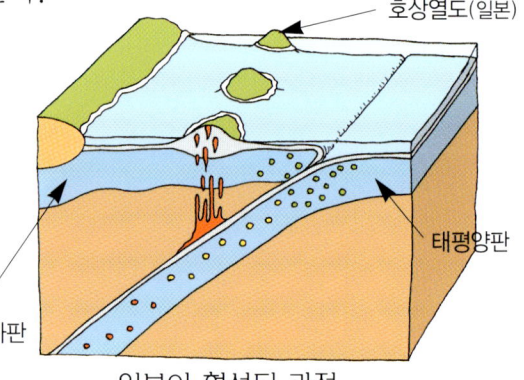

일본이 형성된 과정

열점이 있는 곳

열점은 맨틀에서 마그마가 솟아오르는 곳인데, 주로 판의 안쪽에 있어. 열점을 통해 위로 솟아오르는 마그마는 지각에 구멍을 뚫어 거대한 화산을 만들지. 열점은 수십억 년 이상 그 자리에 머물고 있지만, 그 위에 있는 판은 천천히 움직이게 돼. 그러면 먼저 만들어진 화산은 사화산으로 변해 옆으로 이동하고, 열점에서는 다시 새로운 화산이 태어나는 거야.

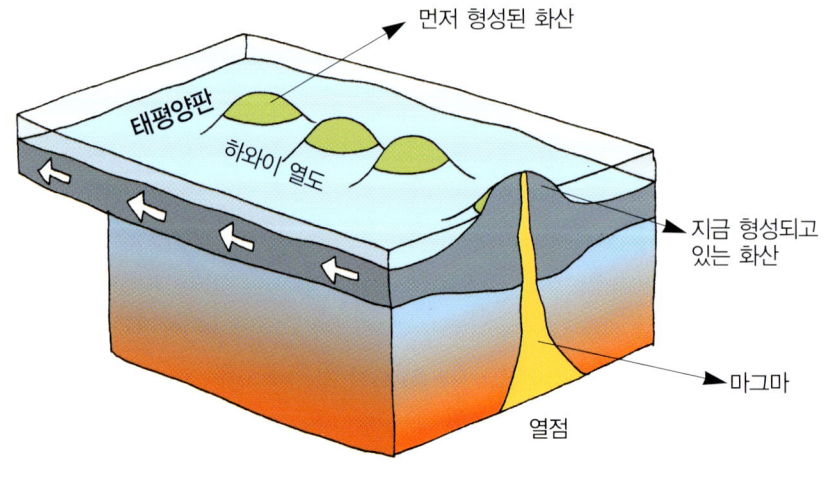

열점에서 만들어지고 있는 하와이의 섬들

분노의 폭발
인도네시아 므라피산

므라피산은 '불의 고리(Ring of Fire)'라고 불리는 환태평양 화산대에 있는 화산으로, 2006년 6월, 화산재와 화산 가스가 수십 차례 분출되었어.

불의 고리는 태평양을 사이에 두고 칠레에서 알래스카, 일본 그리고 동남아시아 등을 하나의 고리로 연결한 환태평양 화산대를 가리킨단다. 므라피산을 연구하던 과학자들은 환태평양 화산대가 또다시 분노했다고 입을 모았지.

뿐만 아니라 이번 재해는 지진까지 동반되어 그 피해가 더욱 컸다고 해. 더욱이 사고 현장에서 발굴된 시신들은 미처 다른 곳으로 옮기지도 못하고, 모든 병원들은 밀려드는 부상자들로 아수라장이 되었지. 우리는 화산 및 지진 등의 자연 재해로 얼마나 큰 피해를 입을 수 있는지 깨달았단다.

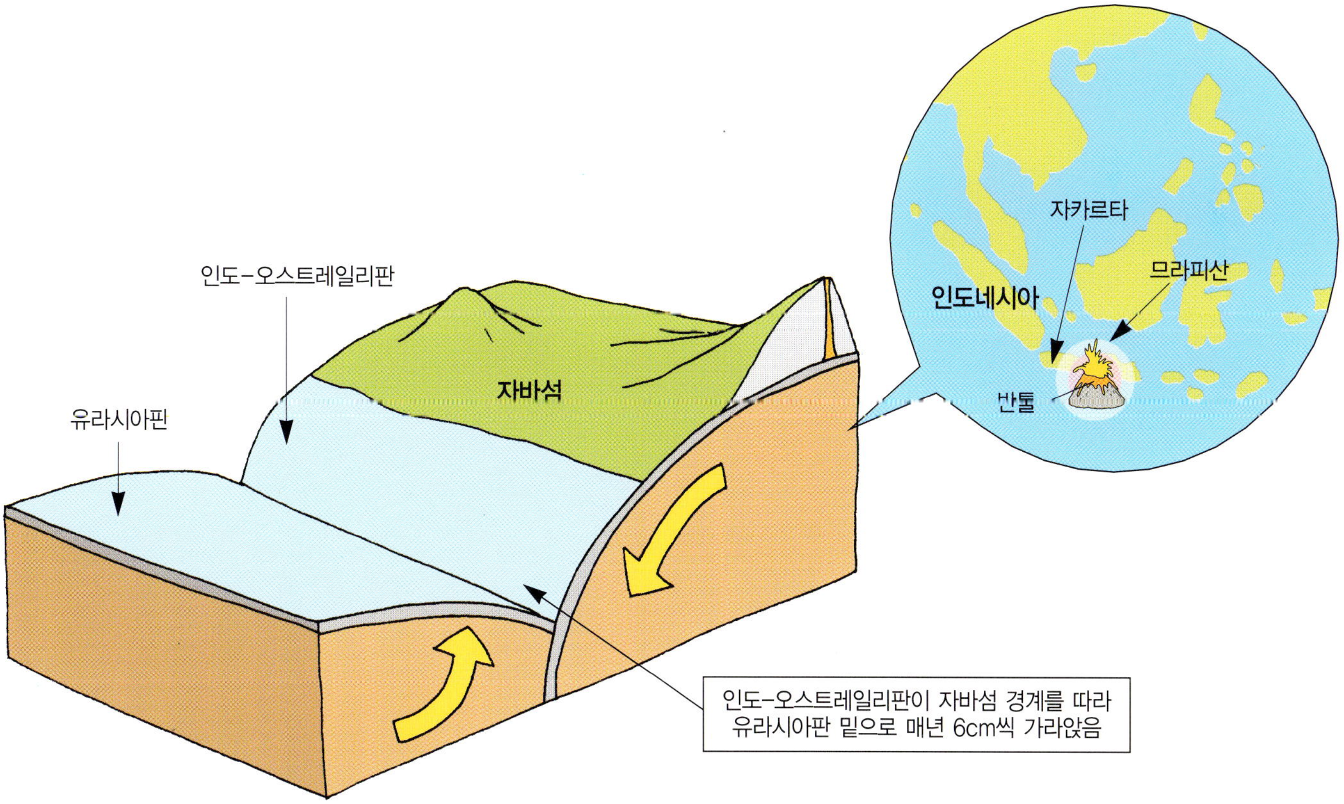

므라피산의 활동 원인이 되는 판의 충돌

화산의 또 다른 피해
화산재와 화산 겨울

폼페이는 본래 이탈리아의 나폴리 부근에 있던 휴양 도시였는데, 서기 79년 8월 24일에 일어난 베수비오산의 폭발로 순식간에 지옥의 도시가 되었지. 하늘에서 화산재가 비처럼 쏟아져 수많은 사람들이 목숨을 잃었단다.

화산재는 이처럼 직접적으로 도시를 뒤덮어 피해를 주지만, 더 큰 피해는 기후를 변화시킨다는 거야. 이를 '화산 겨울'이라고 하는데, 1815년 인도네시아의 탐보라산이 폭발한 다음 해 유럽은 200년 만에 가장 추운 겨울을 맞았다고 해. 그 해에 농작물은 모두 얼어 죽고 굶주림과 질병이 널리 퍼져 많은 사람들이 죽었단다.

베수비오산의 폭발로 화석이 된 사람

도전! 퀴즈

아래의 가로, 세로 열쇠 설명을 찬찬히 잘 읽어 본 후, 네모 빈칸에 어떤 낱말들이 채워지면 좋을지 생각해 보렴.

〈가로 열쇠〉
(1) 화산 폭발 후 기온이 급격하게 내려가는 현상을 말해요.
(2) 암석이 녹아 반 액체 상태로 된 물질이에요.
(3) 주위보다 온도가 높아 화산 활동이 일어날 수 있는 곳이지요.

〈세로 열쇠〉
(가) 화산 폭발 후 용암 등이 뿜어져 나오는 곳이에요.
(나) 인도네시아 숨바라섬에 있는 화산이에요.
(다) 지구상에서 가장 규모가 큰 화산을 말해요.
(라) (　)이 크면 종 모양의 화산이 만들어져요.

또리의 특명
화산이 필요한 이유를 밝혀라!

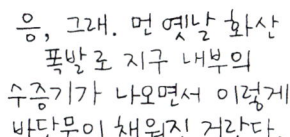

지구의 옛 주인 공룡

안녕, 나는 '마이아사우라(Maiasaura)'라고 해. '좋은 엄마 도마뱀'이란 뜻의 이름을 가진 공룡이지. 그런데 내 이름이 왜 마이아사우라인지 궁금하지 않아?

나는 지금으로부터 약 8,000만 년 전, 그러니까 중생대 백악기가 끝나갈 무렵 기후가 건조한 고산 지대에 살았는데, 친구들과 집단으로 둥지를 만들어 생활했어. 우리는 알에서 깨어난 새끼공룡들을 나뭇잎이나 열매를 주워 먹이며 키웠지. 이렇게 하면 무서운 육식 공룡으로부터 새끼공룡들을 안전하게 지켜낼 수 있었거든. 공룡을 연구하던 과학자들은 나를 발견하기 전까지 공룡은 그저 새끼를 낳기만 할 뿐 돌보지는 않는다고 여겼어. 그런데 나와 새끼공룡들이 함께 있는 화석이 발굴되자 우리의 모성애가 얼마나 강한지를 알게 된 거야.

새끼공룡들은 태어난 지 1년 정도 지나면 거의 어른 공룡만한 크기로 자라게 돼. 그러다가 10년 정도 지나면 엄마 마이아사우라가 되는데, 그러면 옛날에 자신들이 태어났던 둥지로 되돌아가 알을 낳고 새끼공룡들을 키운단다. 우리는 다 함께 생활했기 때문에 다른 공룡들보다 사이가 좋았고, 또 소리나 냄새 등으로 의사소통을 하면서 지능을 크게 발달시킬 수 있었어.

사람들은 공룡이라고 하면 티라노사우루스와 같이 무서운 공룡을 떠올리는데, 우리처럼 착한 공룡이 훨씬 더 많았다는 것을 이번 기회를 통해 알게 되었을 거야. 자, 그러면 지금부터 중생대 시대에 지구의 주인 노릇을 톡톡히 해냈던 공룡의 세계로 함께 떠나 볼까?

초등 4-2 지층을 찾아서, 화석을 찾아서

지구를 들었다 놨다 하는 공룡 Best

1. 가장 큰 공룡 - 아르젠티노사우루스
약 1억 년 전에 살았던 초식 공룡으로, 몸길이가 40m~45m, 몸무게는 80톤~100톤에 이르렀어. 정말 대단하지?

2. 가장 작은 공룡 - 마이크로랩터 구이
약 1억 4,000만 년 전에 살았던 공룡이야. 지금의 닭 크기만 하고 날개가 달렸던 흔적이 남아 있어.

3. 가장 꼬리가 긴 공룡 - 디플로도쿠스
약 1억 5,000만 년 전에 지금의 미국 서부에 살았던 초식 공룡인데, 몸이 가늘고 73개의 뼈마디로 된 아주 긴 꼬리를 가지고 있어.

4. 가장 머리가 단단한 공룡 - 파키케팔로사우루스
약 1억 년 전에 살았던 초식 공룡으로, 머리뼈 두께가 무려 25cm나 된다고 해. 그런데 이런 단단한 머리뼈를 가졌어도 육식 공룡과 싸울 때 별 도움이 되질 않았던 것 같아.

5. 가장 오래된 공룡 - 에오랩터
약 2억 2,800만 년 전의 지층에서 발견된 에오랩터는 '새벽의 사냥꾼'이라는 별명을 지녔지.

또리와 함께 배우는
공룡 이야기

1. 공룡은 어떻게 지구에 나타났을까요?

지금 지구에 살고 있는 다른 동물들보다 훨씬 거대한 몸집을 가진 공룡이 어떻게 생겨났는지는 아직도 확실히 밝혀지지 않았어. 그래서 지금도 고생물을 연구하는 과학자들이 뜨거운 사막 등을 뒤지며 열심히 공룡 화석을 찾고 있단다.

공룡이 나타난 지질 시대를 중생대라고 하고, 그 이전을 고생대라고 하는 것은 잘 알고 있겠지? 그런데 고생대가 끝날 무렵 지구에 살고 있는 생물의 약 96%가 멸종해 버렸어. 그 이유는 고생대 말에 모든 대륙이 이동하다가 하나로 합쳐지면서 화산 활동과 더불어 지진이 일어난 거야.

그런데 지각 변동에 비교적 안전한 곳인 늪지대에 살던 파충류들은 용케 살아남을 수 있었어. 이들 중 육지로 올라와 진화했던 무리들이 바로 공룡인 거지. 그리고 하늘에는 익룡, 바다에는 어룡이 주인 노릇을 하게 되었단다. 참, 가끔 익룡이나 어룡도 공룡이라고 생각하는 친구들이 있는데 과학자들이 말하는 공룡은 육지에 사는 파충류만 해당한다는 사실, 꼭 기억해!

익룡-에우디모르포돈

어룡-이크티오사우루스

2. 공룡은 어떻게 중생대의 제왕이 될 수 있었나요?

중생대를 거치면서 공룡은 지금의 파충류와는 다르게 다리가 몸에 수직 모양으로 붙은 채 진화했어. 이런 체형은 공룡을 빨리 달릴 수 있게 해 주었지. 또한 중생대의 기후는 위도와 계절에 상관없이 지금보다 훨씬 덥고 습했기 때문에 식물이 아주 잘 자랐단다.

초식 공룡들은 마음껏 먹이를 먹으면서 번성해 나갔어. 어떤 초식 공룡은 몸집을 키워서 상대를 위협했고, 갑옷처럼 단단한 피부 조직이나 뿔을 발달시켜 스스로를 방어했지. 이에 뒤질세라 육식 공룡들도 날카로운 이빨과 발톱을 키워 진화해 나갔단다. 티라노사우루스와 같은 공룡을 보면 금방이라도 달려들 것처럼 생겼잖아. 그래서인지 공룡은 약 1억 6,000만 년 동안 전 지구를 다스리는 주인 노릇을 할 수 있었어.

3. 공룡은 왜 갑자기 지구에서 사라졌을까요?

영원히 지속될 것 같았던 공룡 제국은 중생대 말에 갑자기 지구에서 사라져 버렸어. 지금으로부터 약 6,500만 년 전에 '대멸종' 사건이 일어난 거지. 이때 공룡뿐만 아니라 다른 많은 종류의 동식물들도 함께 멸종되고 말았단다.

그런데 공룡들은 왜 갑자기 지구에서 사라졌을까? 과학자들은 그때 당시 지름이 약 10km가 넘는 소행성과 지구가 서로 부딪치면서 이런 일이 일어난 게 아닌가 추측하고 있어.

거대 소행성과 지구의 충돌로 지진이 일어나고 화산 분출이 시작되었어. 그리고 이때 발생한 먼지와 가스 때문에 3개월 이상 암흑이 지속되면서 핵겨울이 찾아들었지. 또한 강력한 열과 화학작용으로 인해 먼지 구름에 있던 수증기와 대기의 질소가 결합해 질산이 만들어졌고 강한 산성비가 내렸어. 이러한 환경이라면, 제 아무리 커다란 덩치와 힘을 가진 공룡이라도 살아남기 어려웠을 거야. 결국 중생대는 공룡의 멸종으로 끝을 맺었단다.

두근두근 신나는 쥬라기 공룡 대탐사

공룡이 주인공으로 등장하는 가장 유명한 영화는? 당연히 <쥬라기 공원>이지! 그런데 이렇게 무지무지하게 재미있는 영화에도 '옥의 티'가 있다는 사실은 몰랐지? <쥬라기 공원>에서 크게 악명을 떨쳤던 티라노사우루스는 사실 백악기 때 살았던 공룡이야. 그러니까 <쥬라기 공원>에 티라노사우루스가 등장하는 것은 명백한 '옥의 티'란다. 그럼 쥬라기 때는 어떤 공룡들이 살고 있었는지 우리 한번 살펴볼까?

1. 쥬라기 때의 자연환경은 어떠했나요?

쥬라기는 2억 800만 년 전부터 1억 4,500만 년 전까지의 지질 시대를 뜻해. 이때 거대한 판게아(초대륙)가 북쪽의 로렌시아 대륙과 남쪽의 곤드와나 대륙으로 갈라졌어. 그 두 대륙 사이에 테티스해라고 하는 커다란 바다가 생기면서 전 세계 기후는 변하기 시작했어. 연평균 기온이 조금씩 떨어지는 대신 강수량이 증가했고 대체적으로 온난한 기후가 형성되었지. 그러자 전 대륙은 무성한 열대 우림으로 채워졌단다.

쥬라기 초기 / 쥬라기 중기 / 쥬라기 후기

대륙의 분리 과정

2. 어떤 공룡들이 살았을까요?

무성한 삼림의 발달로 특이한 공룡들이 나타나기 시작했어. 아파트처럼 거대한 몸집을 가진 아파토사우루스, 아기 공룡 둘리의 엄마를 닮은 브라키오사우루스, 그리고 등에 날카로운 판을 꽂은 모양을 한 스테고사우루스, 긴 꼬리를 가진 디플로도쿠스 등과 같은 초식 공룡들을 예로 들 수 있지. 물론 날카로운 이빨과 발톱을 가진 알로사우루스와 같은 육식 공룡도 있었어.

아파토사우루스   스테고사우루스

브라키오사우루스   알로사우루스

3. 시조새는 새들의 조상인가요?

쥐라기 때는 벌과 파리의 조상을 비롯하여 날개 달린 곤충류가 번성했는데, 그러자 이들을 먹이로 하는 아주 특이한 공룡이 등장했어. 바로 '시조새'라 불리는 공룡인데 과학자들은 이들의 몸 구조를 연구한 후, 새는 공룡이 진화해서 생겨난 것이라 주장했지.

1860년, 독일 뮌헨의 북쪽 지역에서 발견된 아르카이옵테릭스는 몸 길이가 30㎝~50㎝정도로, 작은 머리와 큰 눈에 날카로운 이빨을 가졌어. 앞다리는 날개로 변했지만 그 끝에 발톱이 달린 발가락이 3개 붙어 있지. 이 시조새는 파충류와 조류의 중간형에 해당하는 공룡으로, 지금의 새처럼 자유롭게 하늘을 날 수는 없었다고 해.

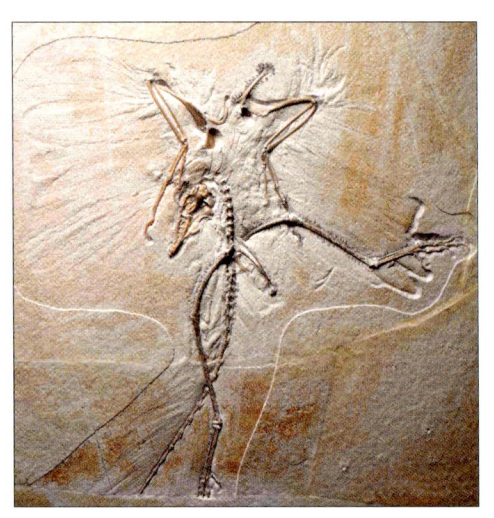

시조새 화석 표본

도전! 퀴즈

지구의 옛 주인이었던 공룡에 대해 많은 것을 공부했구나. 그럼 아래의 연결 짓기 문제도 쉽게 풀 수 있겠는걸? 자, 또리와 함께 각 설명에 해당하는 공룡을 찾아 선으로 연결해 보렴.

(1) 가장 긴 꼬리를 가진 공룡이야. 콧구멍이 머리 위쪽에 뚫려 있어서 물속에 푹 잠겨 있어도 숨 쉬는 데 별 어려움이 없었대.

(2) 가장 머리가 단단한 초식 공룡이야. '박치기의 제왕'으로 불렸지.

(3) '별난 도마뱀'이란 별명을 가졌대. 날카로운 발톱으로 쥐라기 초원을 할퀴고 다녔어.

(4) '물고기 도마뱀'이란 뜻을 지녔단다. 작은 돌고래를 닮아 너무 귀여워.

해양과학

바다

엘니뇨

지구 생명체의 고향
바다

반갑다! 나는 돌고래 '돌핀'이야. 중국 사람들은 나를 보고 물돼지라고도 부른다지? 내가 그렇게 뚱뚱한 편도 아닌데, 왜 나를 물에 사는 돼지라고 하는 건지 잘 모르겠어. 너희들은 좋은 친구들이니까 앞으로 내 이름 돌핀을 꼭 기억해줘. 안 그럼 나 삐친다!

나는 머리가 좋아서 옛날부터 사람들과 친하게 지냈어. 한 어부는 나를 마치 양치기 개처럼 길들이려고 들었지. 그렇지만 난 친구들과 함께 자유롭게 바닷속을 헤엄치는 걸 너무 좋아해. 내가 얼마나 바다를 사랑하는지 잘 알겠지? 그러면 지금부터 똑똑하고 멋있는 나, 돌핀이 지구 생명체의 고향이라 할 수 있는 바다를 소개해 줄게.

우주에서 보는 지구는 마치 푸른 물이 가득 찬 공처럼 생겼다고 해. 지구 표면의 약 71%가 바닷물로 덮여 있기 때문이지. 만약 다른 행성에 생명체가 존재한다면 그들은 우리 행성을 '지구(地球)'가 아닌 '수구(水球)'라고 불렀을 거야. 바다는 지구에서 최초로 생명체가 탄생한 곳이기도 해. 우리의 까마득한 조상인 단세포 생물이 바다에 나타난 뒤, 30억 년 동안 그곳에서 번성하면서 오늘날 우리와 같은 생명체를 낳았단다.

바닷물은 끊임없이 움직이고 있기 때문에 지구 곳곳에 에너지를 이동시켜 따뜻한 기후를 형성하고, 날씨의 변화를 조절하는 데 기여하지. 또한 우리 인류가 필요로 하는 귀중한 자원을 아낌없이 나눠주고 있어. 그래서인지 나는 바다가 꼭 우리 엄마 같아. 자, 그러면 우리의 소중한 친구이자 엄마처럼 따뜻한 마음을 지닌 바다를 한 번 만나러 가 볼까?

중등 1 해수의 성분과 운동

내가 최고라니까!
바다 Best

가장 큰 바다

태평양은 면적이 약 1억 6,525만 ㎢, 동서 방향의 길이는 약 1만 6,000㎞, 평균수심 4,282m로 지구에서 가장 큰 바다야. 동쪽으로 남·북미 대륙, 서쪽은 동아시아, 인도네시아, 오스트레일리아, 그리고 남북으로 남극과 북극권이 둘러싸고 있지.

서태평양 북마리아나 제도에 있는 사이판의 해안 풍경

가장 짠 바다

사해는 이스라엘에 있는데, 너무 건조한 기후 때문에 사해로 들어오는 물의 양과 증발하는 물의 양이 거의 같아. 물의 염분 농도 역시 다른 바다보다 10배 정도 더 높아서 하구 근처 외에는 생물이 거의 살지 않는대. 그래도 이런 높은 염분 때문에 수영을 못하는 사람도 여기서는 물에 둥둥 뜰 수 있다고.

이스라엘의 사해

가장 추운 바다

아쉽게도 '썬렁해'가 아니라 북극해란다. 그런데 바다는 거의 대부분 물로 이루어져 있기 때문에 수온이 영하 2℃ 이하로 내려가는 일이 거의 없어. 가장 더운 바다라 할 수 있는 적도 근처의 평균 수온은 약 30℃라지?

북극해 그린란드 디스코만

가장 깊은 바다

마리아나해는 태평양판이 필리핀판과 충돌 후 그 밑으로 들어가면서 형성된 바다야. 평균 수심이 8,000m인데, 특히 비티아스 해연(1만 1,034m)과 챌린저 해연(1만 863m)은 에베레스트산보다 2,000m 이상 더 깊은 곳이라고 해.

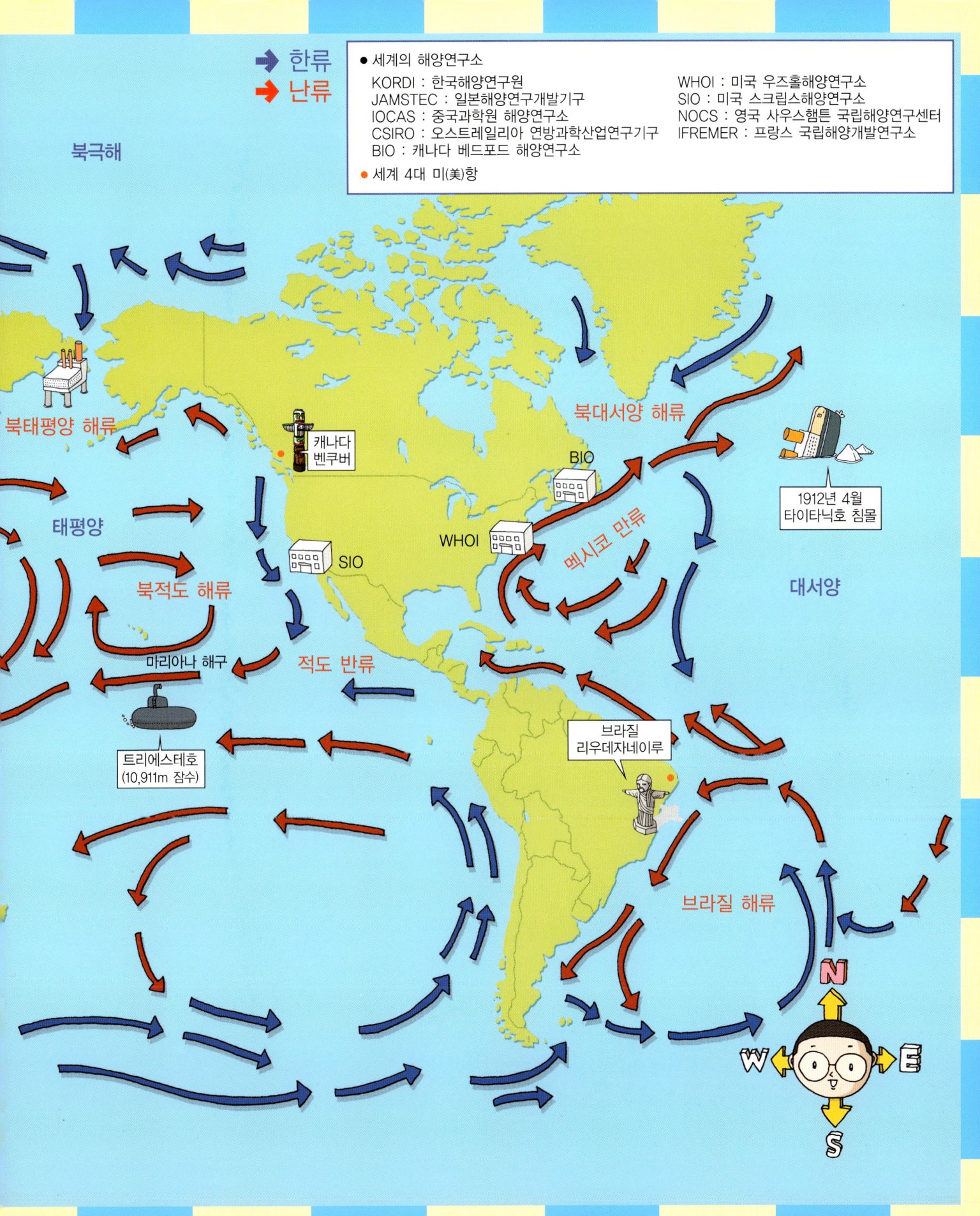

또리와 함께 배우는
바다 이야기

1. 바다는 어떻게 만들어졌나요?

사실, 아무도 바다가 만들어질 때의 모습을 본 적이 없고, 또 과학적인 기록도 남아 있지 않기 때문에 뭐라고 딱 부러지게 설명하기가 참 곤란해. 하지만 여러 과학자들이 그동안 많은 자료들을 분석해서 다음과 같은 이론을 내놓았단다.

먼 옛날 지구가 만들어질 당시에는 바다가 없었다고 해. 그러다가 지구 전 지역에서 대규모 화산 활동이 시작되면서, 많은 양의 수증기가 화산 기체, 용암 등과 함께 밖으로 뿜어져 나온 거지. 이 수증기는 본래 지구 내부의 맨틀 속에 들어 있었던 거란다. 또한 지구 밖 우주에서 온 작은 천체들이 계속 지구와 충돌하고 있었는데, 이들이 가지고 있던 수분이 충돌로 발생한 열에 의해 수증기로 변한 후 지구 대기권으로 들어 왔어.

대기는 시간이 지나면서 지구의 온도가 내려가자 더 이상 수증기를 품고 있을 수 없었어. 많은 양의 수증기가 물방울로 응결되어 구름이 형성되고, 그것이 펄펄 끓는 뜨거운 비가 되어 지표면 위로 떨어졌지. 이 비는 수천 년 동안 쉬지 않고 계속 내려서 계곡을 지나 낮은 지대로 흘러들었어. 그러고는 강과 호수를 낸 뒤, 결국엔 넓은 바다까지 이루었단다.

이렇게 바다가 만들어진 시기가 지금으로부터 약 38억 년 전이라고 해. 그때는 지금처럼 태평양이나 대서양으로 구분되어 있지 않고 하나의 큰 바다로 존재했단다.

2. 바닷물은 왜 짤까요?

옛날에 한 욕심쟁이 꾀돌이가 소금이 나오는 맷돌을 훔쳐 바다로 도망쳐 나왔대. 그러고는 바다 한가운데서 생뚱맞게 "소금아, 나와라!"라고 고래고래 소리를 질렀어. 그런데 맷돌에서 신나게 소금이 나온 것까지는 좋았는데, 그 꾀돌이는 맷돌 멈추는 방법을 몰라서 그만 소금에 파묻혀 바다에 풍덩 빠져버렸단다. 꾀돌이와 함께 바닷속에 빠진 맷돌은 멈추지 않고 계속 소금을 만들어 낸 탓에 지금처럼 짠 바닷물이 생겨났다는 전설이 떠돌고 있지.

아무튼, 바닷물이 짠 이유는 실제로 많은 양의 소금이 녹아 있기 때문이야. 바닷물에 녹아 있는 소금의 양은 약 5조 5,000억 톤, 이 정도의 양이라면 지구 표면을 45m 두께로 덮고도 남는다니, 정말 엄청나지?

소금은 주로 짠맛을 내는 염화나트륨과 약간의 쓴맛을 느낄 수 있는 염화마그네슘으로 이루어져 있어. 이들 외에도 황산마그네슘, 황산칼슘 등이 들어 있는데, 우리는 이것들을 통틀어 '염류'라고 한단다.

소금의 주성분인 염화나트륨은 염소와 나트륨이라는 물질로 이루어져 있어. 육지나 바다 밑의 화산 폭발로 뿜어져 나온 염소 기체와 비로 인해 암석에서 씻겨 내려진 나트륨이 바다에서 만나 염화나트륨이 만들어지는 거지.

3. 바닷물은 왜 더 이상 짜지지 않을까요?

평균적으로 바닷물 1kg에는 약 35g의 염류가 녹아 있어. 이 양은 거의 10억 년 전부터 일정하게 유지되어 왔다고 해. 그렇다면 바닷물에 염류가 더 이상 녹아들지 않는 이유는 무엇일까?

바닷물의 염분이 적을 때에는 육지나 해저로부터 유입되는 염류가 그대로 물속에 녹아들지만, 염분의 양이 어느 정도 이상 증가하면 염류는 바다 밑으로 가라앉는단다. 즉, 바다로 유입되는 염류의 양과 침전 등에 의해 제거되는 염류의 양이 거의 같기 때문에 바닷물에 녹아 있는 염분의 양은 변화가 없는 셈이지.

요정이 전해 주는 바다의 선물
바다야, 너무 고마워!

첫 번째 선물. 바다의 흐르는 강, 해류

미국의 과학자 벤자민 프랭클린이 피뢰침을 발명했다는 것은 모두 잘 알고 있지? 그런데 그는 똑같은 항해 거리인데도 왜 영국에서 미국으로 우편물을 보낼 때, 미국에서 보내는 것보다 2주 정도 더 걸리는 건지 궁금해 했어. 프랭클린은 선원들이 쓴 항해 일지를 검토한 뒤, 바다에도 강물처럼 일정한 방향의 흐름이 있다는 것을 알게 되었지.

1796년, 프랭클린은 '바다의 강'이라는 걸프 스트림(멕시코 만류)을 대서양의 해도에 그려 넣는 최초의 인물이 되었단다.

바다의 강, 걸프 스트림

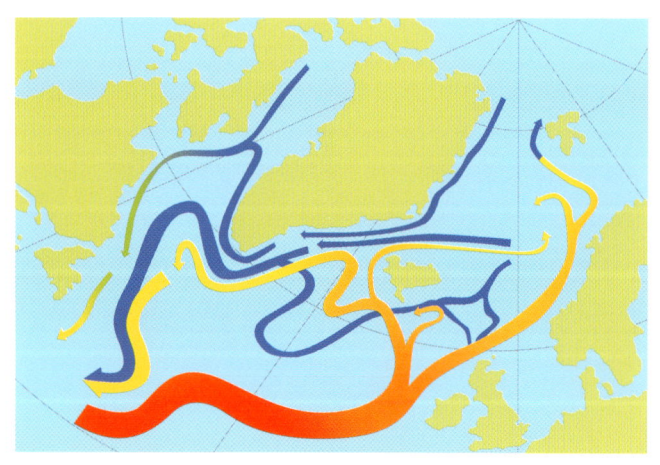

심층류의 순환

해류는 바람과 해수면의 마찰에 의해 생기는데, 취송류가 그 대표적이지. 심층류처럼 바다 깊은 곳에 흐르는 해류는 물의 밀도 차이 때문에 생기는 거야.

해류는 적도의 따뜻한 바닷물을 추운 극 지방으로 이동시켜 그곳의 기온이 더 이상 내려가지 않게 도와 줘. 반대로 극지방의 바닷물로 따뜻한 열대 지방의 기온을 낮춰서 그곳의 기온이 더 이상 높아지지 않도록 하고 있단다. 그야말로 바다가 거대한 열저장 탱크와도 같은 역할을 하는 거지.

🪣 두 번째 선물. 들어왔다 나갔다, 밀물과 썰물!

바다에 가 보면 하루에 두 번씩 밀물과 썰물이 주기적으로 발생하는 것을 볼 수 있어. 이처럼 밀물과 썰물에 의해 생기는 바닷물의 흐름을 '조류'라고 해.

밀물과 썰물은 달과 태양의 인력과 원심력 때문에 생기는데, 지구와 가까운 달의 영향력을 더 많이 받아. 달과 가까운 쪽에 있는 바닷물은 그 끌어당기는 힘에 의해 부풀어 올라 밀물이 발생하고, 반대편에 있는 바닷물은 원심력에 의해 바깥으로 밀려나면서 밀물 현상이 일어나지.

혹시, 여름방학 때 가족들과 함께 갯벌체험에 참가해 본 적 있니? 해안에는 밀물과 썰물로 인해 넓은 갯벌이 만들어지는데, 이 갯벌은 오염물질을 정화해 주고 우리에게 조개류와 같은 천연 자원을 제공해 준단다.

특히, 우리나라의 서해안은 해안선이 복잡하고 해양의 평균 수심이 40m 내외로 비교적 얕고 완만하기 때문에 국내 최대의 갯벌 면적을 보유하고 있어. 이런 이유로 서해안 갯벌은 캐나다 동부 해안, 미국 동부 해안과 북해 연안, 아마존강 유역과 더불어 세계의 5대 갯벌로 손꼽히고 있지. 최근에는 갯벌 축제 등 갯벌과 관련된 행사들이 마련되면서 생물 다양성의 보고이자 수산물의 생산지, 그리고 조류 서식지로서 갯벌의 환경, 경제적 가치가 새롭게 주목받고 있단다.

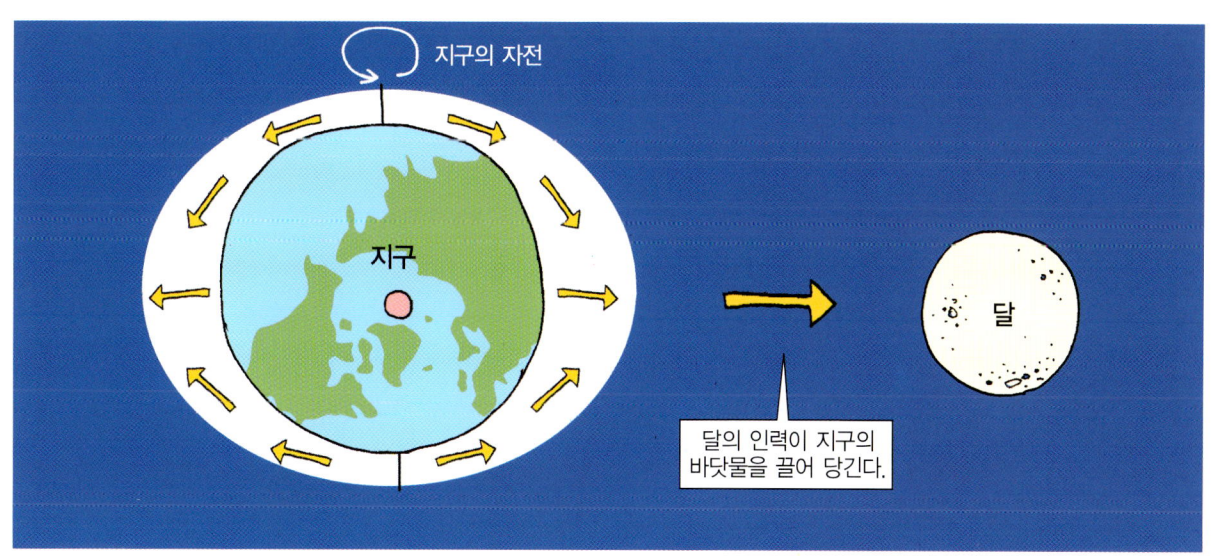

밀물과 썰물

바다는 지구의 브레이크야!

지구의 바다에선 달의 인력에 의해 밀물, 썰물 작용이 일어나게 돼. 그러면 지구의 자전 속도는 조금씩 느려지게 된단다. 결국 바다는 지구의 자전 운동을 방해하는 브레이크 역할을 하게 되는 거야.

달과 지구와의 거리는 1년에 약 3㎝ 정도 멀어지는 것으로 알려져 있어. 그렇다면 이것은 지구의 자전 주기와 어떤 관계가 있는 것일까?

회전하는 물체의 운동에너지는 일정하게 유지되는데, 이것은 조금 어려운 말로 '각운동량 보존의 법칙'이라고 해. 지구의 자전 운동과 달의 공전 운동도 이 법칙의 적용을 받지. 그래서 지구의 자전 속도가 느려지면 달이 지구 먼 곳에서 공전을 하게 되는 거야. 그러니까 지구의 자전 속도가 지금보다 빨랐던 옛날에는 달이 훨씬 가까이에서 지구 주위를 돌았던 거지.

도전! 퀴즈

자, 우리 다 함께 미니 세계 지도를 펼쳐 보자. 그리고 아래의 질문의 답이 되는 곳을 찾아 예쁘게 색칠도 하고 이름도 써넣는 거야. 어때, 너무 재미있겠지?

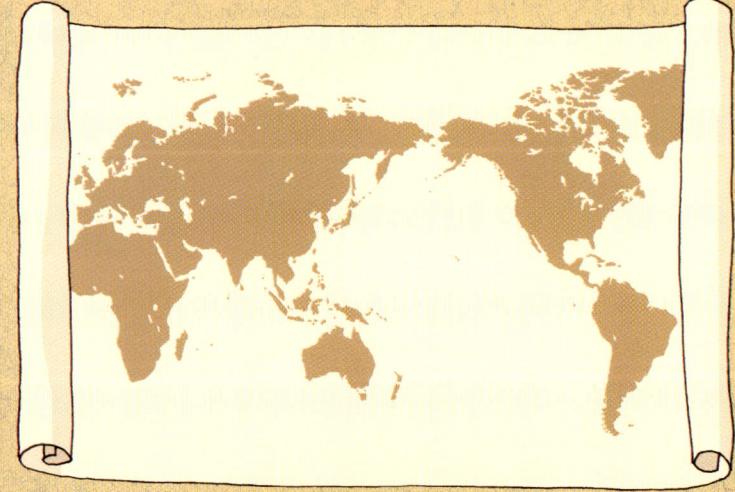

(1) 가장 넓은 바다는 어디에 있는 거지?

(2) 가장 추운 바다가 있는 곳을 찾아 볼까?

(3) 우리나라 기후에 가장 큰 영향을 끼치는 해류를 화살표로 그려 볼까?

(4) '바다의 강'으로 불리는 걸프 스트림의 진행 방향을 지도 위에 그려 볼래?

또리는 환경지킴이
지구의 바다는 내가 지킨다!

바다의 심술쟁이 엘니뇨

안녕, 나는 '안초비'라고 해. 내 이름이 너무 예뻐서 다들 내가 귀여운 꼬마 아가씨인 줄 아는데, 사실 나는 남미 페루 해안에 사는 물고기야. 뭐, 갑자기 저 먼 나라에 사는 물고기가 툭 튀어 나와서 너무 아리송하다고? 그렇다면 지금부터 내 얘기를 귀 기울여 들어주렴. 내가 왜 우리 친구들 앞에 모습을 드러내야 했는지 곧 이해할 수 있을 거야.

1972년, 우리가 헤엄치던 페루 바닷물의 온도가 평소보다 5℃ 이상 올라갔어. 본래 우리 안초비 식구들은 시원한 바닷물을 좋아하는 물고기들인데, 느닷없이 이런 일이 생기니까 어떻게 해야 할지 너무 막막했어. 우리는 할 수 없이 정든 보금자리를 버리고 낯선 곳으로 떠나야만 했단다.

그런데 이일로 인해 세계의 안초비 생산량 60%를 차지하던 페루의 어업은 큰 손해를 봤어. 우리 안초비들은 가축 사료로도 쓰이는데, 그 생산량이 떨어지자 전 세계적으로 콩 파동이 일어나기도 했단다. 모자라는 안초비를 대신해 콩을 가축 사료로 사용해야 했거든.

엘니뇨는 원래 스페인어로 '어린 아기', 또는 '아기 예수'란 뜻을 갖고 있어. 그런데 해류의 이상 기온 현상인 엘니뇨가 크리스마스를 전후로 자주 발생하기 때문에 페루 어민들은 "어떻게, 이런 일이!"라는 뜻으로 엘니뇨를 부르짖곤 해. 그래서 말인데, 지금부터 이 안초비가 심술쟁이 엘니뇨를 세계의 바다 법정에 세우려고 하거든. 그러려면 우선 엘니뇨의 숨겨진 정체부터 밝혀야겠지? 자, 우리 다 함께 엘니뇨를 구석으로 몰아세울 결정적 증거를 찾아보자고.

중등 1 해수의 성분과 운동

날씨가 왜 이래!
엘니뇨 Best

폭우가 내린 이란의 테헤란

1982년, 20세기 최고의 엘니뇨

1982년, 겨울과 다음 해 봄에 발생한 엘니뇨는 말 그대로 '최고'였지. 아프리카, 오스트레일리아 등지에서는 극심한 가뭄으로 큰 피해가 뒤따랐고, 에콰도르와 페루 등에서는 평소보다 40배가 넘는 폭우가 내렸단다.

1998년, 한국을 강타한 엘니뇨

1998년, 우리나라도 엘니뇨의 영향권에 있다는 사실을 깨달았어. 1997년 4월 이후 태풍, 홍수, 가뭄 등의 엘니뇨 피해로 16명이 목숨을 잃었고, 재산 피해액만 2,000억 원이 넘었다고 해.

집중호우의 피해를 입은 우리나라

가뭄으로 말라버린 스페인 저수지 바닥

2005년, 유럽을 삼킨 엘니뇨

2005년, 유럽의 스페인과 포르투갈이 60년 이래 최대 가뭄에 시달렸고, 프랑스에서는 수은주가 섭씨 35℃에 이르는 등 가뭄과 불볕더위가 계속되었지. 오랜 가뭄으로 풀이 말라죽는 바람에 오스트레일리아의 빅토리아주에서는 가축들에게 오렌지나 초콜릿을 먹여 겨우 생명을 유지시켰다고 해.

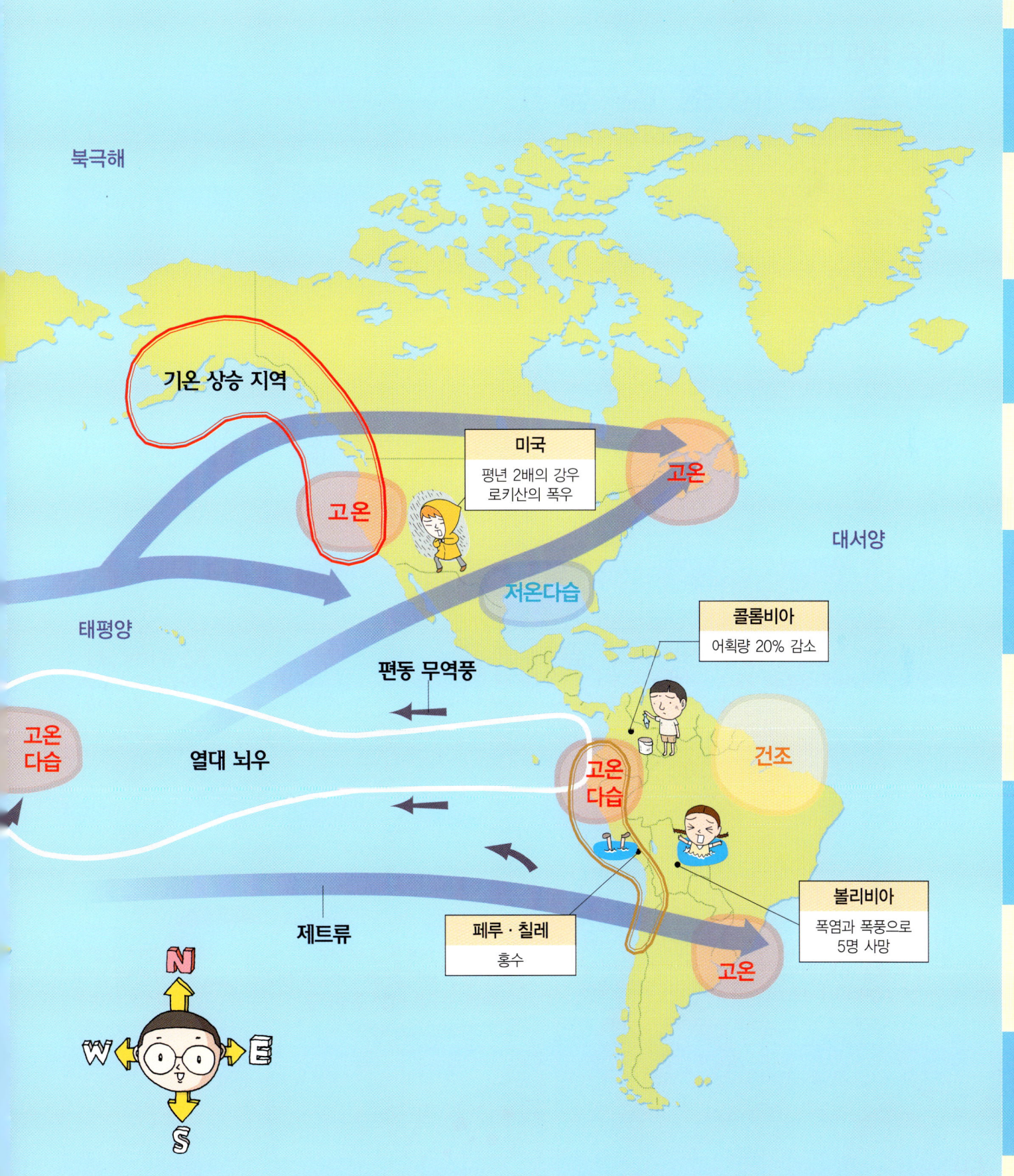

또리와 함께 배우는
엘니뇨 이야기

1. 엘니뇨란 무엇일까요?

엘니뇨는 페루 근처 태평양 바닷물의 온도가 주변 지역보다 약 2℃~10℃ 정도 높아지는 자연 현상으로, 일정한 주기 없이 지속적으로 발생하고 있어. 주로 가을에서 다음 해 봄까지 일어나는데, 특히 크리스마스가 있는 12월에 자주 발생하지. 온 세상에 축복 넘치는 크리스마스에 엘니뇨는 페루 어민들에게 최악의 선물을 안겨 주는 셈이야.

그런데 20세기에 들어서 전 세계에 일어나는 각종 기상재해를 일으키는 범인이 다름 아닌 엘니뇨라는 의혹이 제기되고 있단다. 엘니뇨의 발생으로 지구의 정상적인 대기 순환에 큰 변화가 일어난다는 사실이 과학적으로 입증됐거든.

2. 엘니뇨는 왜 일어날까요?

아래 그림은 인공위성으로 분석한 페루 근해의 수온 분포를 그린 거야. 두 지도에 나타난 색깔을 유심히 살펴보렴. 오른쪽 지도는 엘니뇨가 발생했을 때의 수온 분포를 나타낸 것인데, 붉은색으로 칠해진 지역은 그만큼 온도가 높다는 것을 의미해. 페루 부근에 있는 적도 바닷물의 수온이 평소보다 올라간 것을 알 수 있어.

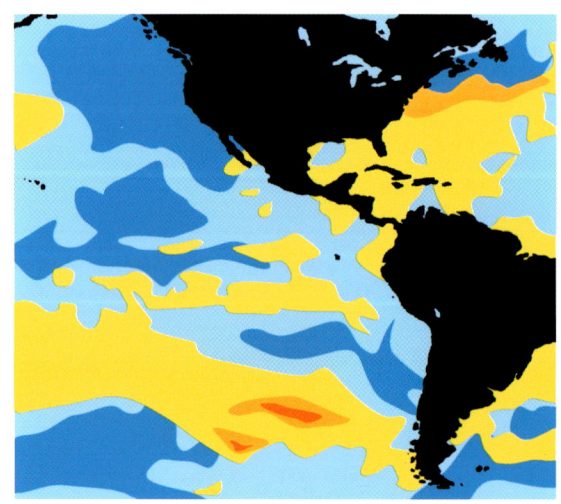

엘니뇨가 발생하지 않았을 때의 수온 분포도

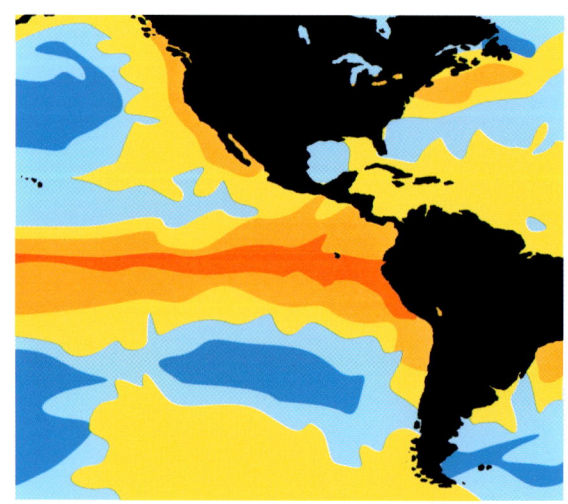

엘니뇨가 발생했을 때의 수온 분포도

그러면 평소에는 차가웠던 바닷물의 온도가 갑자기 올라가는 이유는 무엇일까? 과학자들은 그 이유를 근처 바다 위를 지나는 무역풍에서 찾고 있어. 무역풍은 적도를 중심으로 동쪽에서 서쪽으로 부는 바람을 일컫는데, 태평양 해수면의 바닷물을 서쪽 방향으로 이동시키는 역할을 하지. 이렇게 바닷물이 동쪽에서 서쪽으로 이동하면 동쪽 바다에서는 바닷물이 부족해지니까 이를 보충하기 위해 바다 깊은 곳의 찬 바닷물이 위로 올라오게 돼. 우리는 이를 '용승류'라고 부른단다. 이 용승류 때문에 페루 근해의 바닷물이 차가워지는 거야.

그런데 무역풍의 세기가 약해지는 시기가 있어. 그러면 바닷물의 이동 방향이 바뀌게 돼. 우선 태평양의 표층 바닷물이 서쪽에서 동쪽으로 이동을 하게 되지. 그동안은 동쪽에서 밀려온 바닷물 때문에 서쪽의 바닷물 높이가 올라가 있거든. 따뜻한 서태평양의 바닷물이 동쪽으로 이동하면 페루 연안의 바닷물 온도가 올라가고, 차가운 용승류 또한 생성되지 않기 때문에 바닷물의 수온을 떨어뜨릴 수가 없어. 결국 페루 연안의 바닷물이 평소보다 무려 5℃ 이상 높아지는 현상이 일어나게 돼.

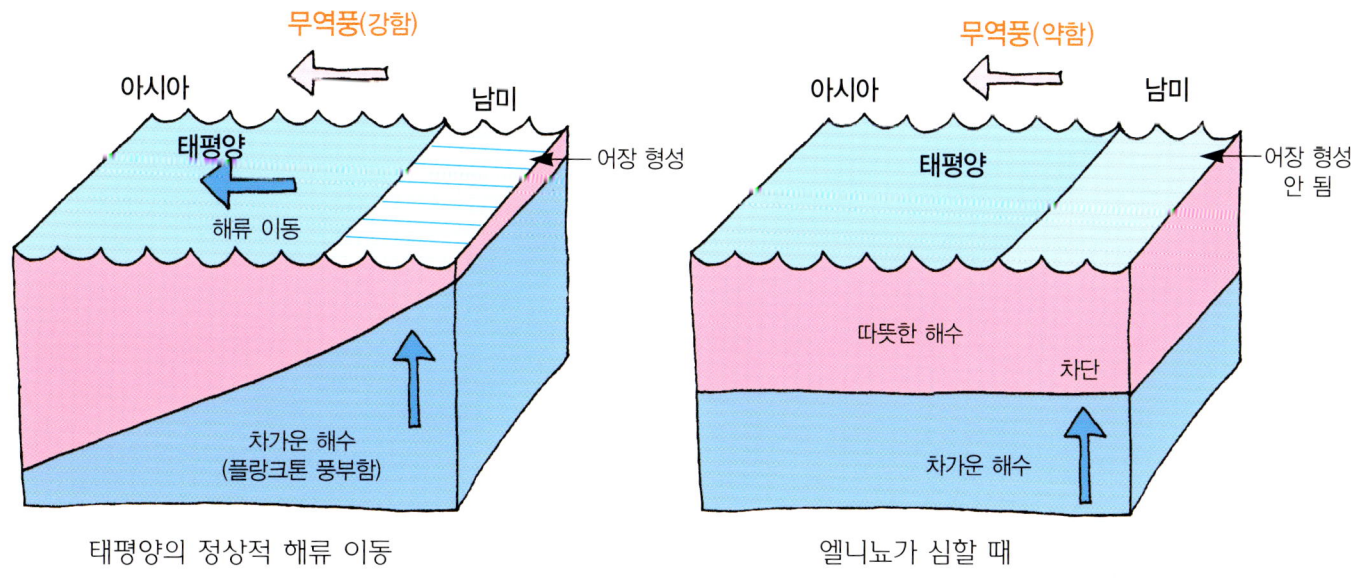

3. 엘니뇨가 일어나면 어떤 일이 생길까요?

 해양 생태계가 무너진다!

엘니뇨가 발생하면 평소보다 바닷물의 수온이 크게 올라가기 때문에 해양 생태계에 큰 변화가 일어나. 먼저 바닷물에 녹아 있는 산소의 양이 줄어들게 돼. 산소와 같은 기체 물질은 온도가 낮을수록 물에 잘 녹아들어. 더운 날, 밖에 내놓은 사이다보다 냉장고에 들어 있는 사이다가 더 '톡' 쏘는 맛이 살아 있잖아? 그건 사이다가 차가울수록 그 속에 이산화탄소가 잘 녹아들어 가기 때문이야.

기체의 이러한 성질 때문에 바닷물의 수온이 상승하면 물에 녹아 있던 산소는 모두 대기 중으로 빠져 나가게 돼. 그러면 바닷물 속에 녹아 있는 산소를 필요로 하는 물고기들은 숨 쉬기가 힘들어지겠지? 또 한 가지, 엘니뇨가 발생하면 용승류가 올라오질 않는단다.

사실, 저 깊은 곳에서 올라오는 바닷물 속에는 플랑크톤이 좋아하는 영양물질이 풍부하게 들어 있는데, 이들의 공급이 줄어들면 플랑크톤의 번식률이 감소하게 돼. 그럼 자연히 플랑크톤을 먹고 사는 물고기들은 먹이가 줄어드니까 할 수 없이 다른 곳으로 이사를 가야만 하는 거야.

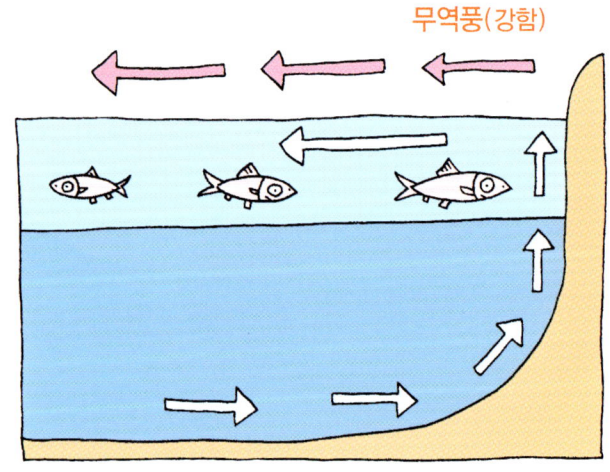

엘니뇨가 일어나지 않을 때 안초비들의 분포

엘니뇨가 일어날 때 안초비들의 분포

어, 지구 날씨가 이상해!

엘니뇨가 일어나면 동태평양의 바닷물은 평소보다 훨씬 많은 양의 열에너지를 공급받게 돼. 이때 남아도는 에너지는 해류를 타고 중위도나 고위도 지역으로 옮겨 간단다. 이러한 에너지 이동은 지구의 대기 순환에 큰 변동을 일으키지.

또한 다량의 수증기가 증발하면서 대기 중 수증기 함량이 큰 폭으로 증가하는데, 이것이 원인이 되어 태평양 부근 일대는 엄청난 폭우 사태를 겪게 되는 거야. 더욱 어처구니 없는 것은 이 와중에 다른 지역에서는 장기간 가뭄 현상이 지속된다는 거지.

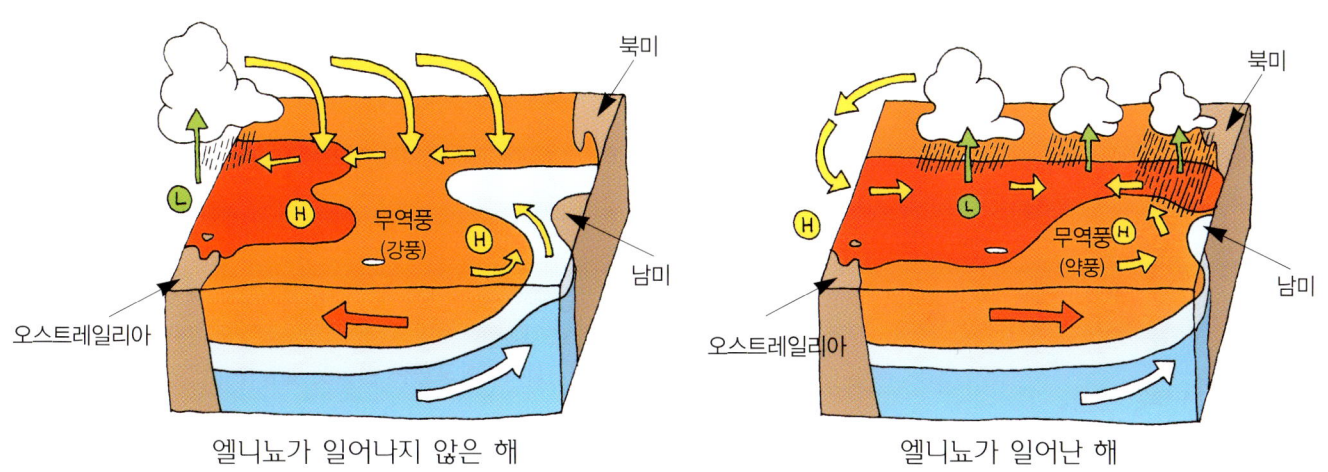

엘니뇨가 일어나지 않은 해   엘니뇨가 일어난 해

 ## 엘니뇨, 네가 범인이구나!

엘니뇨는 지구의 정상적인 대기 순환을 방해할 뿐만 아니라, 갑자기 많은 양의 수증기를 대기권으로 내뿜어서 세계 곳곳에 기상 이변을 일으키고 있어. 오른쪽 그림은 2005년 한 해 동안 발생한 지구촌 기상 이변 현황을 나타낸 거야. 물론 지구에서 일어나는 모든 기상 이변을 엘니뇨 탓으로 돌릴 수는 없겠지만, 전 세계 기후 변화에 부정적인 영향을 끼치고 있다는 것만은 부인할 수 없는 사실이지.

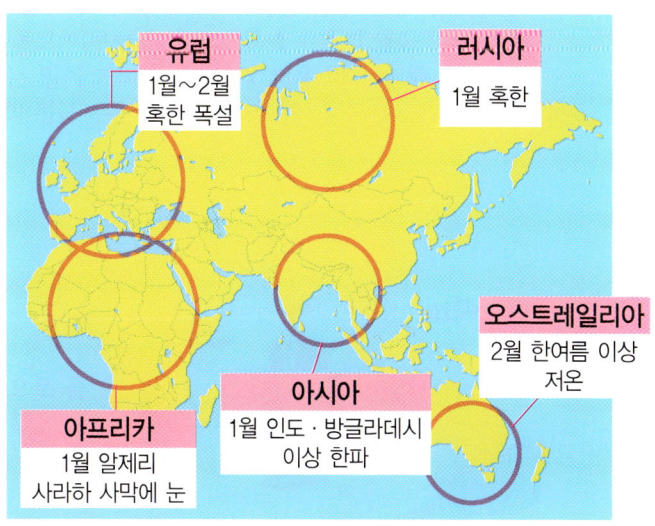

지구촌 기상 이변 현황(2005년)

불타오르는 재앙 20세기 최대의 엘니뇨 산불

산불로 인해 잿더미가 된 인도네시아 삼림

1982년~1998년에 걸쳐 인도네시아에는 큰 산불이 일곱 차례나 발생했는데, 모두 어김없이 엘니뇨가 발생한 해에 일어났다고 해. 그래서 과학자들은 인도네시아에 산불을 일으키는 범인으로 엘니뇨를 지목했어. 엘니뇨가 일어난 해에는 큰 가뭄이 들어 삼림들이 건조하기 때문에 한 번 불길이 시작되면 급속도로 번져 나가지. 인도네시아 산불은 100일 이상 지속되는 바람에 2,000만 명이 넘는 사람들이 호흡기 질환을 앓았고, 인근 주변 국가들 역시 장기간 시커먼 연기에 휩싸이는 피해를 겪었단다. 우리 모두 자나 깨나 산불 조심, 꺼진 불도 다시 보자고!

도전! 퀴즈

심술쟁이 쌍둥이 남매, 엘니뇨와 라니냐가 권투 시합을 벌였어. 아래에 제시된 해설 펀치를 읽고 '엘' 또는 '라'로 구분 지어 적어 봐. 물론 당연히 많이 적힌 쪽이 이번 시합 승리!

(1) 바닷물 수온이 올라가요.( )

(2) 스페인어로 '여자아이'란 뜻이래요.( )

(3) 안초비를 괴롭히는 악동이에요.( )

(4) 바닷물 수온을 낮춘대요.( )

(5) 무역풍이 약해지면 생겨요.( )

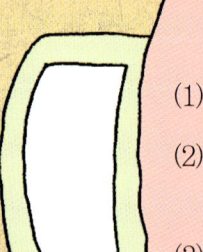

기상과학

바람

태풍

오로라·오존층

소중한 날씨 친구 바람

안녕! 내 이름은 '풍백(風伯)'이라고 해. 내가 누군지 궁금하지? 나를 알려면 우선 단군 할아버지에 대해서 공부해야 될 거야. 왜냐하면 나는 단군 할아버지를 도와 고조선을 세우는데 큰 역할을 했거든.

『삼국유사』에 보면 '환인의 아들 환웅이 세상에 내려와 인간 세상을 구하고자 하므로, 아버지가 환웅의 뜻을 헤아려 천부인 3개를 주어 세상에 내려가 사람을 다스리게 하였다'라는 기록이 나와. 여기서 환인은 옥황상제를 일컫는데, 환웅은 바로 그 분의 아들이야. 환웅은 무리 3,000명과 함께 태백산의 신단수로 내려와 세상을 다스렸다고 해.

그때 곰과 호랑이가 환웅에게 사람이 되게 해달라고 빌었단다. 환웅은 이들에게 신령스러운 쑥 한 줌과 마늘 20쪽을 주면서 이것을 먹고 100일 동안 햇빛을 보지 않으면 사람이 된다고 가르쳐 주었어. 곰은 환웅이 시키는 대로 따라 나중에 예쁜 여자가 되었지. 그러고 나서 환웅과 결혼해 아들을 낳았어. 이 분이 바로 우리 한민족의 조상인 단군이야.

환웅은 단군이 나라를 세우고 다스리는데 보탬이 되도록 세 사람의 신하를 내려 보냈어. 그들은 구름을 다스리는 운사, 비를 다스리는 우사, 그리고 바람을 다스리는 나 풍백이었단다. 예부터 농업을 중시했던 우리 조상들은 구름, 비, 바람을 아주 중히 여겼거든.

음, 이제 내가 누군지 잘 알았겠지? 그럼 지금부터 이 풍백과 함께 구름을 타고 바람 구경을 떠나 볼까? 이래 봬도 내가 바람 전문가라고!

초등 4-1 강과 바다
초등 5-1 기온과 바람
중등 1 지각의 물질

잡을 테면 잡아봐!
바람 Best

제트류의 이동 방향

제트류
중위도 지방 상공에서 제트기처럼 빠르게 움직이는 바람을 말해. 2차 세계 대전 때 한 비행사가 사이판에서 일본을 폭격하기 위해 비행하는 도중 고도 10km 높이에서 처음 제트류를 발견했대. 이 바람의 영향으로 우리나라에서 미국으로 비행기를 타고 갈 때 연료를 절약할 수 있다고 하더라고. 하지만 황사나 방사성 오염물질 등이 전 세계로 빨리 퍼지게 되는 원인이 되기도 한단다.

토네이도
미국과 같이 넓은 평원을 가진 나라에서 자주 발생하는 바람이야. 토네이도 중심의 풍속은 무려 100㎧를 넘기도 하는데, 그래서 토네이도가 지나갔다 하면 웬만한 것은 남아나질 않지. 1931년, 미국의 미네소타주에서 발생한 토네이도는 117명의 승객을 태운 83톤의 열차를 단번에 감아올리기도 했어.

미국 마이애미시에 출현한 토네이도

돌개바람
남극에서는 크리스마스를 전후로 풍속이 50㎧가 넘는 강풍이 분단다. 그런데 이 바람을 이용하여 우주 생성 과정을 연구하는 과학자들이 있었어. 1998년, 미국과 이탈리아 과학자들이 우주 배경 복사를 연구하기 위해 2톤이 넘는 망원경 등 관측 장비를 축구장 크기만한 헬륨 풍선에 매달아 남극 상공으로 날려 보냈어. 이 헬륨 풍선은 10일 동안 남극 하늘을 한 바퀴 비행한 후 정확하게 원래 위치로 되돌아 왔지. 이게 다 남극에 부는 돌개바람 때문이야.

지도로 보는 세계의 바람

― 여름 ―

주요 풍력발전국의 발전 현황 (단위 MW, 2004년)
H 고기압, L 저기압

- 미국 6,740
- 일본 874
- 중국 764
- 인도 3,000
- 독일 16,629
- 네덜란드 1,078
- 스페인 8,263
- 영국 888
- 덴마크 3,117

북미, 남미, 대서양, 아시아, 태평양, 인도양, 아프리카, 유럽

적도 무풍대(ITCZ)

극동풍, 편서풍, 무역풍

N, S, E, W

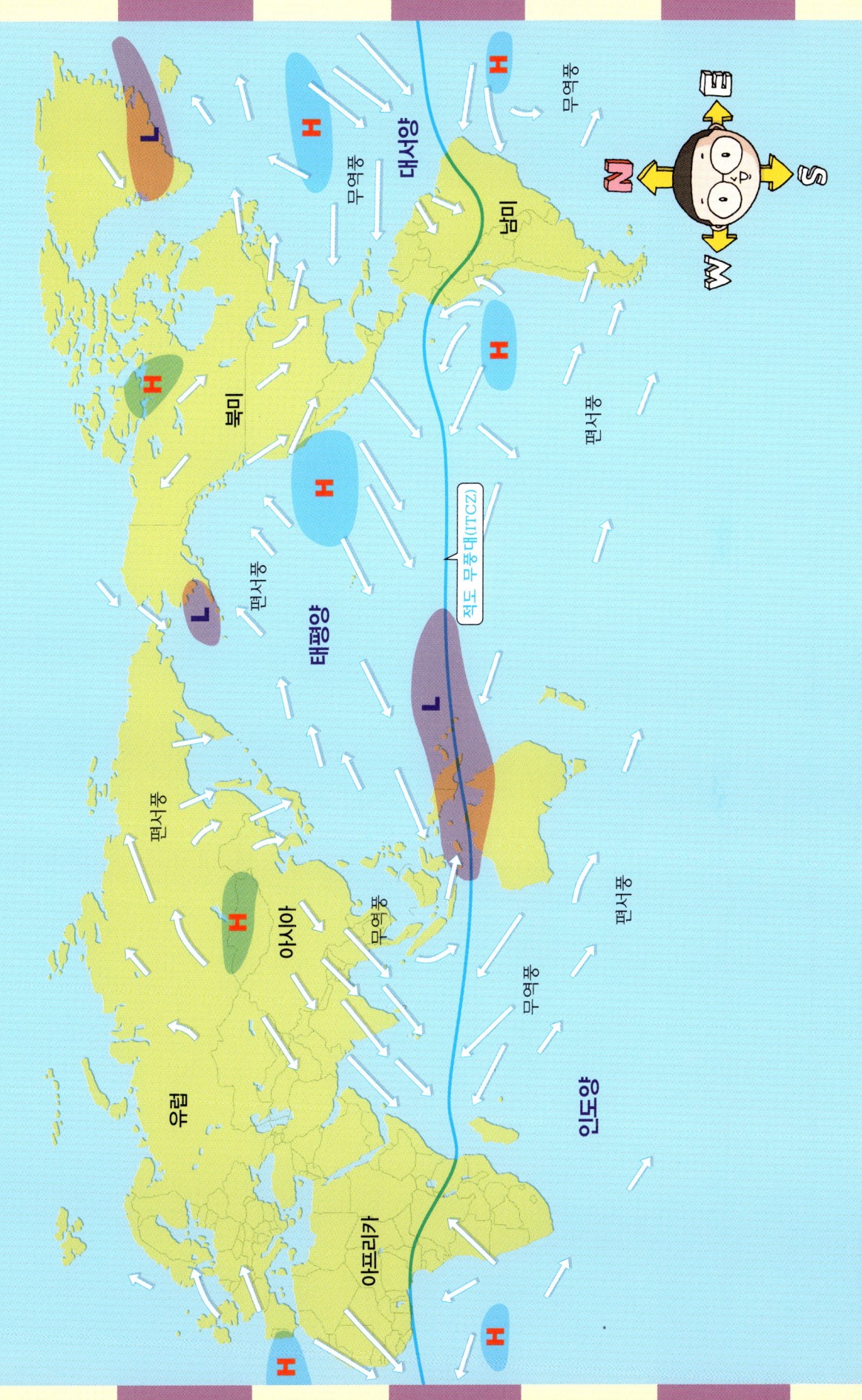

또리와 함께 배우는
바람 이야기

1. 바람이란 무엇인가요?

바람이란 공기의 움직임, 그것도 수평 방향으로 움직이는 것을 말해. 수직 방향으로 움직이는 공기는 기류라고 하지. 위로 올라가면 상승 기류, 아래로 내려가면 하강 기류라고 해. 우리는 바람을 직접 볼 수는 없지만 흔들리는 나뭇잎이나 하늘에 떠 있는 연 등을 보면서 바람이 분다는 것을 알 수 있어.

2. 바람은 왜 생길까요?

바람이 생기는 것은 장소에 따라 모여 있는 공기의 양이 다르기 때문이야. 공기가 많이 모여 아래로 누르는 힘이 강한 곳을 고기압, 상대적으로 공기가 적게 모여 아래로 누르는 힘이 약한 곳을 저기압이라고 하는데, 공기는 항상 고기압에서 저기압으로 이동한단다. 마치 물이 높은 곳에서 낮은 곳으로 흐르는 것처럼 말이야. 우리는 이때 생기는 공기의 흐름을 바람이라고 부르지.

그러면 기압의 차이는 왜 생기는 것일까? 그것은 태양이 있어서 그래. 태양 복사 에너지를 많이 받는 곳은 공기가 가벼워 활발하게 움직이기 때문에 위로 이동하는 반면, 태양 복사 에너지를 적게 받는 곳은 공기가 무거워 밑으로 가라앉게 되는 거야. 그래서 공기가 위로 이동하는 곳에서는 저기압, 공기가 밑으로 내려오는 곳에서는 고기압이 만들어지는 거지.

오른쪽 그림을 자세히 살펴보렴. 적도 지방에서는 공기가 위로 올라가지? 그곳은 태양 복사 에너지를 많이 받아 공기가 따뜻하기 때문이야. 이와 반대로 극 지방에서는 공기가 밑으로 내려간단다. 이곳은 태양 복사 에너지를 적게 받아 추운 공기가 형성되거든. 그래서 지표면 가까이에서는 극 지방에서 적도 지방으로 바람이 불고, 지표면과 떨어진 하늘에서는 적도 지방에서 극 지방으로 바람이 불어.

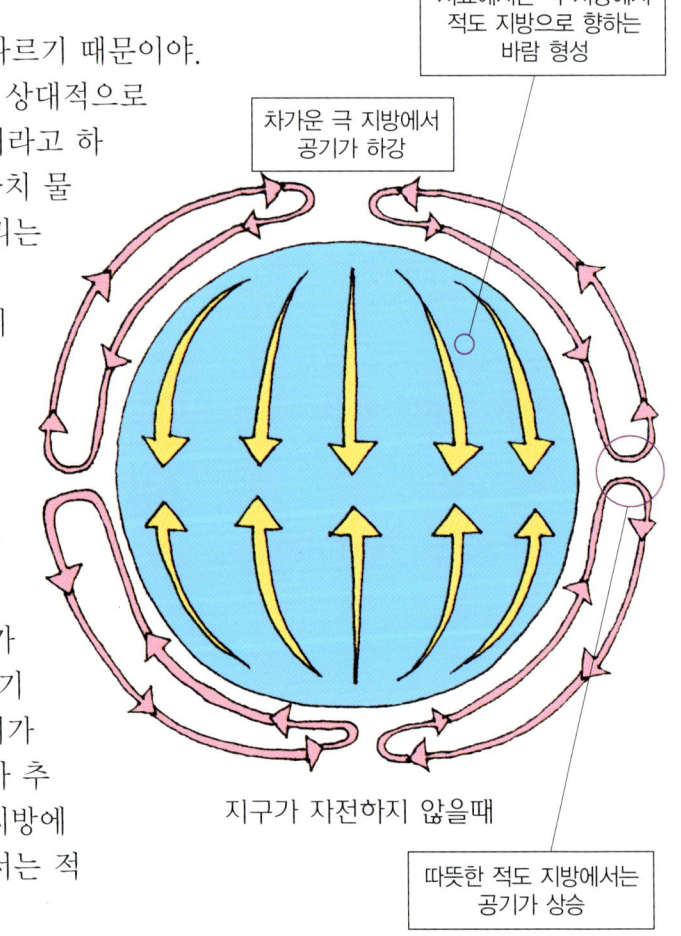

지구가 자전하지 않을때

3. 바람에 영향을 주는 요인들은 무엇이 있나요?

바람은 여러 가지 요인에 의해 영향을 받기 때문에 항상 일정한 방향으로만 불지는 않아. 그중 대표적인 요인으로 지구의 자전 때문에 생기는 '전향력'이라는 힘을 들 수 있어. 이 전향력은 지구의 북반구에서는 오른쪽, 남반구에서는 왼쪽으로 작용하지. 지금 바로 목욕탕으로 달려가서 수도꼭지를 틀어봐. 물이 하수구로 떠내려갈 때 오른쪽으로 돌면서 빠지는 것을 볼 수 있을 거야. 이것 역시 전향력의 영향으로 생겨나는 현상이지. 물론 지금 우리가 살고 있는 북반구와 달리 남반구에서는 물이 왼쪽으로 돌면서 빠져 나가지만 말이야.

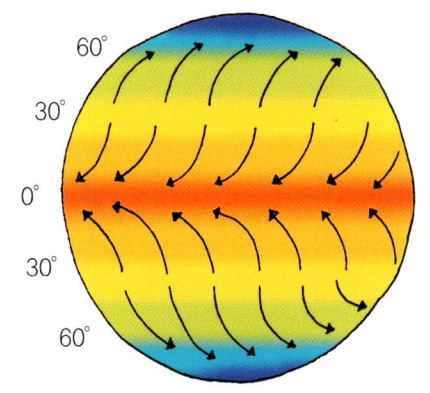

육지와 바다의 구분이 없을 때 바람의 방향   육지와 바다의 영향을 받은 바람의 방향

4. 바람의 종류에는 어떤 것이 있을까요?

지구 표면에 흐르고 있는 바람의 종류에는 여러 가지가 있는데, 세계적인 규모로 부는 바람으로 무역풍, 편서풍, 극 편동풍을 들 수 있지.

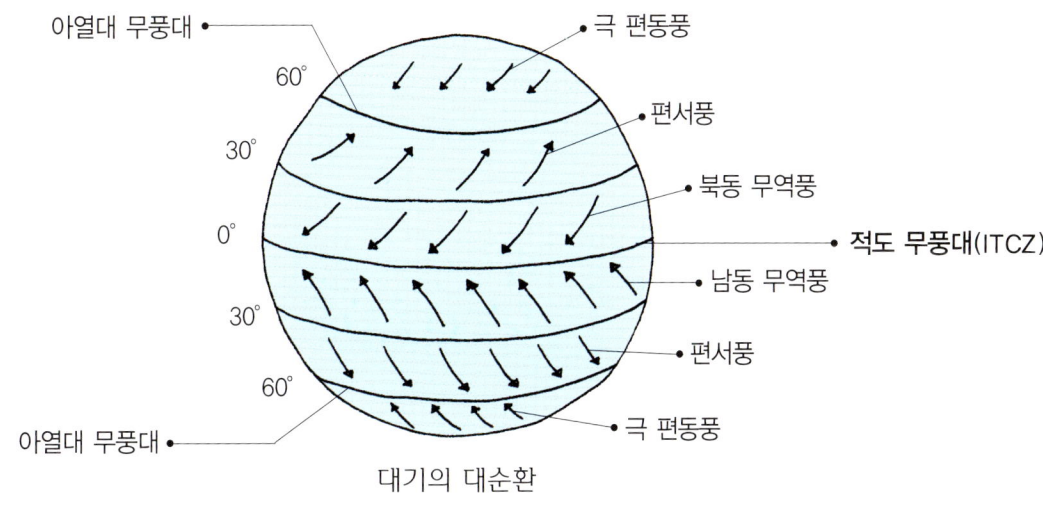

대기의 대순환

온 세상이 뿌예네!
황사 집중 탐구

2006년 4월 8일과 9일, 이틀간 그야말로 슈퍼 황사가 우리나라를 뒤덮었던 걸 기억할 거야. 도시 전체가 온통 뿌연 먼지로 가득해서 밖에 나가 뛰어놀 수도 없었어. 특히, 서울은 철과 크롬, 그리고 카드뮴과 같은 중금속 농도가 평년보다 무려 12배나 높은 농도로 기록되었단다.

그런데 황사가 우리나라에서 발생하는 현상은 아닌데도, 이처럼 해가 갈수록 그 피해가 점점 늘어나는 이유는 무엇일까? 그것은 편서풍이 중국이나 몽골에서 발생하는 황사를 우리나라로 몰고 오기 때문이야.

황사로 뒤덮인 서울 전경

1. 황사가 뭔가요?

황사는 한자로 누럴 황(黃), 모래 사(砂)인데, 뜻 그대로 '누런 모래'라는 뜻이지. 김부식이 편찬한 『삼국사기』를 보면 '신라 하늘에 흙가루가 비처럼 떨어졌다'는 기록이 나와 있어. 또 고려 시대에도 '명종 16년에 눈비가 속리산에 내려 녹아서 물이 되었는데, 그 색깔이 핏빛과 같았다'는 기록이 남아 있지. 우리 조상들은 황사를 '토우(土雨 흙비)'라는 말로 불렀다고 해. 지금은 '아시아 먼지(Asian dust)'라는 공식명칭을 사용한단다.

2. 황사는 어디서 생기나요?

우리나라에 영향을 미치는 황사는 중국의 고비 사막, 타클라마칸 사막, 황하 근처의 황토 고원, 만주 그리고 내몽골의 사막 지대 등에서 발생하는데, 이들 면적은 우리나라의 약 4배에 해당할 만큼 아주 넓단다.

우리나라에 오는 황사는 1990년대까지만 해도 주로 황하 지역에서 온 것이 대부분이었지만, 최근 3년 전부터는 동쪽에 위치한 내몽골 사막과 만주 지역에서 발생한 황사가 더 큰 영향을 주고 있어.

3. 황사는 주로 언제 발생하나요?

황사는 주로 봄에 많이 발생하지. 봄이 되면 태양의 고도가 높아져서 지표면에 쏟아지는 태양 복사 에너지의 양이 많아지거든. 그러면 겨우내 얼었던 황토 지역이 녹으면서 지표면의 수분은 대부분 증발하게 돼. 어느 곳이든 지표면의 온도가 높아지면 공기가 위로 올라가는데, 이때 상승 기류가 발생하는 거지. 결국 중국이나 몽골에 있는 사막의 흙모래들이 이 상승 기류를 타고 우리나라로 오면서 황사 현상을 일으키는 거야.

4. 황사는 어떻게 이동하나요?

작고 가벼운 황사 입자들은 약 3km~5km 높이까지 올라갈 수 있어. 그런 다음 이 황사 입자들은 편서풍을 타고 30㎧에 달하는 아주 빠른 속도로 동쪽을 향해 이동하는 거지.
황사 중 일부분은 우리나라와 일본을 지나 태평양까지 날아가서 하와이에 떨어진다고 해. 어떤 경우에는 강한 편서풍이 불어 미국 본토까지 넘어간다지? 이제 아시아의 황사는 전 세계적으로 함께 고민해야 할 환경 문제가 된 거야.

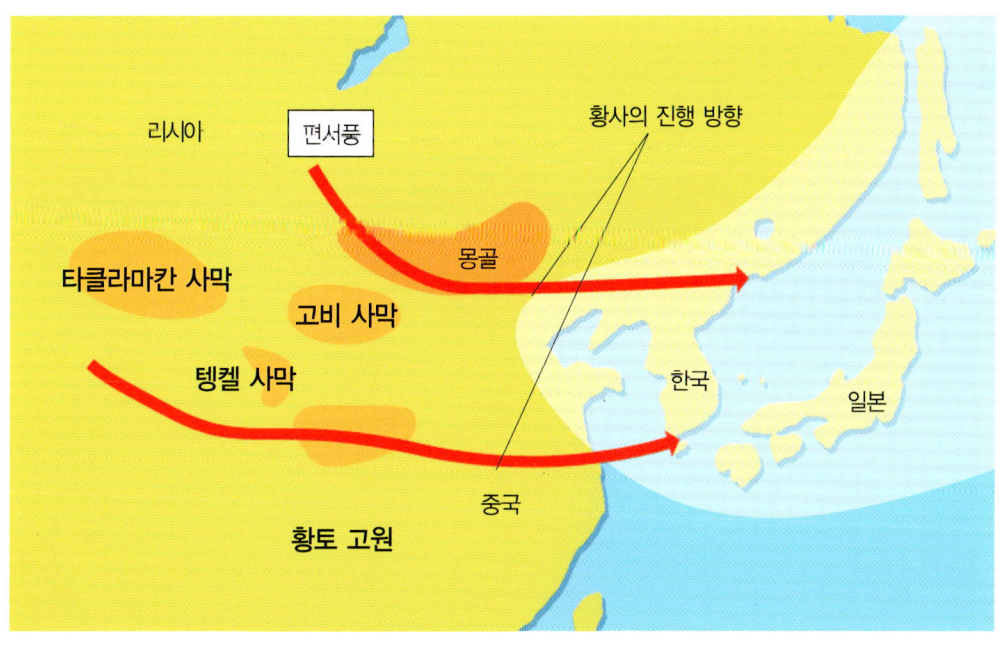

황사의 발원지 및 영향권

바람이 불지 않는 곳
적도 무풍대

오른쪽 그림을 보면 북반구에서는 북동 무역풍이, 남반구에서는 남동 무역풍이 적도를 향해 마주 보며 불고 있지? 이 두 바람이 적도 상공에서 서로 부딪쳐 위로 빠르게 이동하면 그 아래 지역은 적도 무풍대가 되는 거야.

옛날에는 바람의 힘을 이용하는 범선으로 항해를 했는데, 적도 무풍대로 들어가면 빠져 나오지를 못했다고 해. 돛대를 단 범선은 바람이 불어야 움직이잖아? 그런데 적도 무풍대가 형성된 바다에는 바람이 불지 않으니까, 선원들은 할 수 없이 작은 보트에 나눠 타고 그곳을 벗어나는 거지. 그러면 그들이 버리고 간 배는 어떻게 되었을까? 음, 아마도 영화 〈캐러비안의 해적〉에 나오는 것처럼 유령선이 되지 않았을까?

적도 무풍대

도전! 퀴즈

으악, 광안리 앞바다에 무서운 해적선들이 나타났다! 만약 우리가 문제를 못 풀면 또리를 인질로 잡아간대. 자, 우리 모두 또리를 위해 열심히 퀴즈를 풀어 보자고.

1. 제트기처럼 빠른 바람을 (　　)라고 해.
2. 황사는 (　　)을 타고 날아 와.
3. 무역풍에는 (　, 　) 무역풍이 있어.
4. (　　) 지역은 바람이 불지 않아.

나 좀 살려줘!

또리의 자연 공부
바람 이름 기억하기!

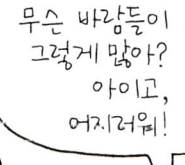

바다에서 태어난 악당 태풍

안녕! 나는 〈오즈의 마법사〉에 나오는 캔자스 초원의 말괄량이 소녀, '도로시'란다. 어느 날 나는 갑자기 불어 닥친 회오리바람에 휩쓸려 우리 집 강아지 토토와 함께 오즈의 나라로 모험을 떠나게 됐어. 그런데 내가 회오리바람을 타고 오즈의 나라로 갔다고 하니까, 다른 친구들이 "에잇, 뭐가 그리 시시해!"라며 날 무시하더라. 뭐, 피터 팬과 웬디는 하늘을 날아 네버랜드에 가고 해리 포터는 기차역 기둥을 통과해서 호그와트로 갔는데, 나만 촌스럽게 회오리바람을 타고 갔다나, 어쨌다나.

하지만 그건 뭘 모르고 하는 소리야. 미국의 중부 지역에 위치한 캔자스는 아주 넓은 평원으로 되어 있는데, 그곳에서는 '토네이도'라고 부르는 강력한 회오리바람이 자주 불어 닥친단다. 토네이도의 위력이 얼마나 어마어마하냐면, 그 중심에서 부는 바람의 속도가 100㎧를 넘는다고 해. 토네이도의 힘이 이렇게 상상도 못할 정도로 세니까, 나처럼 늘씬한 소녀와 어리벙벙한 강아지를 들어 올리는 것쯤이야 누워서 식은 죽 먹기 아니겠어.

그런데 얼마 전에 토네이도보다 훨씬 강력한 회오리바람이 있다는 소문을 들었어. 그 이름도 태풍, 허리케인, 사이클론 등 여러 가지인데, 토네이도는 이들의 위력에 비하면 새 발의 피 축에도 못 낀다고 해. 내가 원래 뭐든지 직접 눈으로 보지 않고서는 잘 못 믿는 성격이잖아. 그래서 좀 무섭긴 하지만 태풍 일당들의 정체를 낱낱이 파헤쳐 보려고 해. 어때, 벌써부터 신나는 모험을 떠날 생각에 가슴이 콩닥콩닥 거리지? 자, 그럼 지금부터 나와 함께 태풍과 그 일당들의 뒤를 밟아 보자고!

초등 6-2 일기 예보
중등 3 일기 변화

너무 무섭다! 태풍 Best

태풍 사라로 쑥대밭이 된 부산

가장 강력한 태풍

1979년, '팁'은 중심 기압이 870헥토파스칼로 가장 강력했던 태풍이었지. 1959년, 우리나라에 불어닥친 '사라'는 약 900명의 목숨을 앗아갔어. 가장 큰 재산 피해를 냈던 태풍은 1987년에 상륙한 '셀마'로 약 5,000억 원의 손실을 입혔단다.

가장 두려웠던 허리케인

2005년 8월, 미국의 뉴올리언스를 비롯한 동남부 해안 지방을 덮친 초대형 허리케인인 '카트리나'를 기억할 거야. 최대 풍속 265km/h의 바람과 폭우로 약 1,000억 달러에 이르는 경제적 피해와 1,500명이 넘는 인명 손실을 가져 왔지. 세계 최강대국인 미국을 쑥대밭으로 만든 카트리나는 1년이 지난 지금까지도 사람들에게 큰 상처로 남아 있단다.

미국을 강타한 카트리나

오스트레일리아를 휩쓴 래리

가장 엄청났던 사이클론

2006년 3월, 강도 5의 사이클론 '래리'가 오스트레일리아 북부의 퀸즐랜드를 휩쓸었단다. 초강력 사이클론의 등장으로 수천 개의 건물들이 무너지고 바나나 농장들 역시 큰 피해를 입었어. 물과 전기가 끊어지고 지붕까지 날아가 버려서 많은 사람들이 임시 텐트촌에서 지냈다고 해.

또리와 함께 배우는
태풍 이야기

태풍은 간단히 말해서 엄청나게 세게 부는 바람이라고 할 수 있어. 세계기상기구에서는 33㎧ 이상을 태풍이라 부르고, 이보다 약한 경우를 열대성 폭풍(17㎧~24㎧)으로 구분해서 부르기도 해. 하지만 우리나라에서는 17㎧ 이상이면 태풍이라고 하지.

태풍은 지역에 따라 허리케인, 사이클론으로 불리기도 하는데, 이들은 모두 바다에서 형성된 열대성 저기압이 발달하여 만들어지는 거란다.

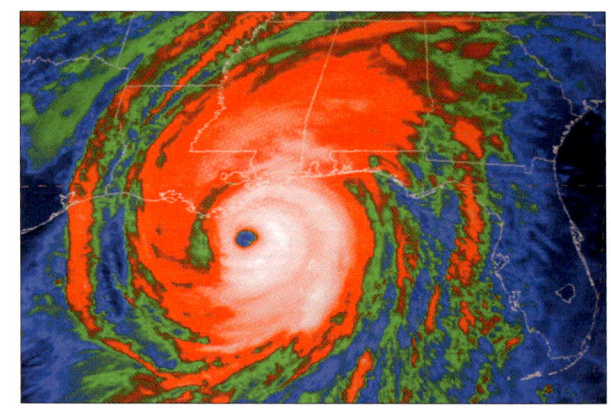

카트리나 기상위성 사진

1. 열대성 저기압이 뭔가요?

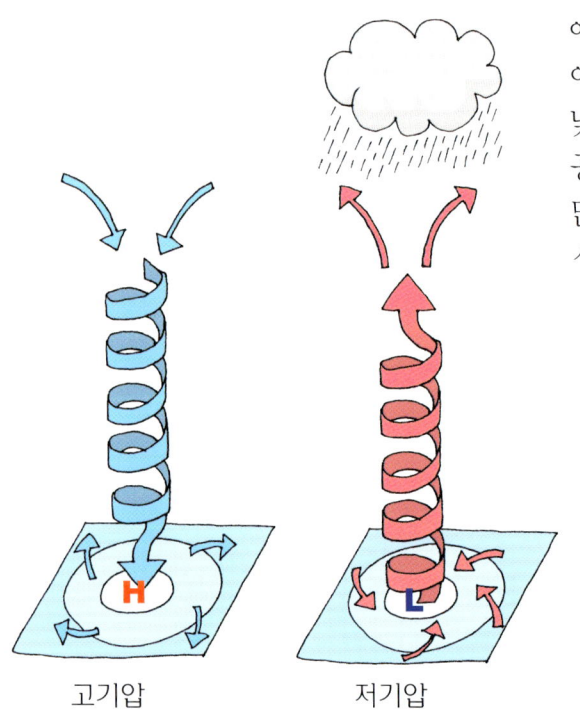

고기압   저기압

에베레스트산처럼 높은 곳에 올라가면 공기는 점점 줄어들어. 이처럼 공기의 많고 적음을 과학적으로 '공기의 밀도가 높다, 낮다'라고 표현할 수 있지.

공기의 밀도는 태양 복사 에너지에 의해 결정되는데, 이것을 많이 받는 곳의 공기는 가벼워져서 위로 올라가기 때문에 지상의 공기 밀도가 낮아지게 돼. 이와 반대로 태양 복사 에너지를 적게 받는 곳은 공기가 무거워져 밑으로 내려오므로 밀도가 높아지는 거야.

기상학자들은 공기 밀도가 낮은 곳을 저기압, 높은 곳을 고기압이라고 불러. 그리고 저기압은 다시 온대 지방에서 발생하는 온대성 저기압과 적도 근처의 태평양처럼 넓고 따뜻한 곳에서 발생하는 열대성 저기압으로 나뉜단다.

열대성 저기압은 주위보다 중심 부분의 기압이 매우 낮은 것이 특징이야. 바람은 기압이 높은 곳에서 낮은 곳으로 흐르기 때문에 열대성 저기압 중심으로 아주 센 바람이 불게 되지. 사방으로부터 불어 들어온 바람은 중심 부근에서 상승하여 올라간 후 밖으로 불어 나가는데, 이때 지구의 자전 때문에 회전하는 힘이 더해져 기다란 소용돌이가 생기는 거야. 결국 이것이 점점 커져서 무시무시한 태풍으로 변하는 거지.

2. 태풍이 태어난 곳은 어디일까요?

태풍과 그 일당들인 허리케인, 사이클론은 주로 해수면의 온도가 27℃를 넘는, 따뜻하고 습기 많은 적도 근처의 바다에서 태어난단다. 왜냐하면 태풍은 더운 열과 많은 양의 수증기를 너무 좋아하거든. 적도 근처의 따뜻한 바다는 태풍이 만들어지기에 아주 적합한 곳이라고 할 수 있지.

3. 태풍 일당들은 어떻게 만들어지는 걸까요?

열대의 바다에는 엄청나게 뜨거운 태양 복사 에너지가 내리쬐고 있어. 이것은 바다 바로 위의 공기를 따뜻하게 데우는 역할을 해. 그러면 습기를 많이 머금은 공기는 위로 상승하게 되지. 그런데 이렇게 습기를 가득 품은 더운 공기는 위로 올라가면서 차가워져서 물방울로 변해 버리고, 이때 가지고 있던 많은 양의 열에너지를 밖으로 내뿜는단다. 우리는 이 열을 '기화열'이라고 불러.

기화열이란 일정 온도 하에서 1g의 물질을 기화하는 데 필요한 열량을 뜻해. 그런데 이 기화열은 수증기가 다시 물이 될 때 밖으로 내놓게 되는데, 태풍이 갖고 있는 엄청난 양의 수증기를 떠올리면 그 열량이 상상할 수 없을 만큼 크다는 걸 알 수 있단다.

지중해안에 불어닥친 사이클론

4. 태풍 친구들은 어떻게 움직일까요?

태풍과 그 친구들은 모두 움직이는 방향이 비슷해. 열대 바다에서 형성된 후, 처음에는 서쪽으로 이동하는 척하다가 점점 북쪽으로 이동하지. 그러다가 지구 자전의 영향을 받아 오른쪽으로 휘어지면서 포물선 모양을 그리게 돼. 물론 어떤 때는 지그재그로 간다든지, 혹은 고리 모양 등을 만들며 이상한 진로를 따라 이동하기도 해. 이러는 와중에 육지에 상륙하면서부터 힘이 빠지기 시작한단다. 그건 육지에서는 더 이상 수증기 공급을 받지 못하고 에너지가 부족해지면서 육지와의 마찰로 인해 힘을 빼앗기기 때문이야.

5. 태풍에도 눈이 달려 있다고요?

태풍의 눈은 태풍의 아킬레스건이라고도 말할 수 있어. 태풍처럼 소용돌이치면서 상승하는 바람의 한가운데에는 상대적으로 공기 밀도가 작고 위력이 약한 '공기 기둥'이라는 것이 생긴단다. 이것은 소용돌이가 바깥으로 뻗치려는 힘 때문에 중심 부위의 세력이 약해지는 거지. 이때 주변에서 상승하는 공기의 일부가 이 기둥으로 빨려 들어와 밑으로 내려가는데, 그러

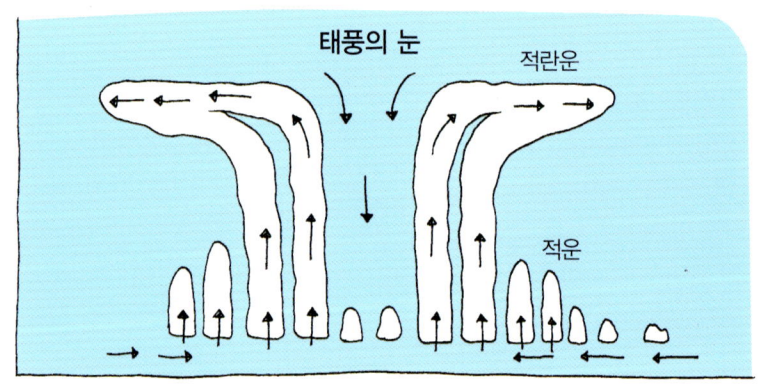

면 태풍의 중심에는 바람이 잦아들면서 맑게 갠 날씨가 나타나게 돼. 이곳이 바로 '태풍의 눈'으로 불리는 곳이란다.

제발 살살 좀 불어!
우리나라를 거쳐 간 태풍들

우리나라에는 매년 2, 3개의 큰 태풍들이 상륙하는데, 대체로 7월과 9월 사이에 집중해서 우리나라로 찾아들지. 이중 가장 큰 피해를 준 태풍이 2002년 8월 말에 온 루사였어. 당시 250명 가량의 사람들이 목숨을 잃고, 약 5조 원에 달하는 재산 피해를 기록했단다.

태풍 루사가 이처럼 큰 피해를 가져다 준 이유는 1904년 국내 기상 관측 이래, 강수량 부분에서 역대 최고 순위를 차지할 만큼 엄청난 양의 폭우를 쏟아 부었기 때문이야.

루사는 강릉 지역에만 단 하루 동안 800㎜가 넘는 비를 퍼부었다고 해. 사실, 루사는 한반도에 상륙할 때까지 그 위력을 잃지 않고 있다가, 우리나라 남해의 해수면 온도가 평년보다 높아지면서 수증기를 계속 공급받을 수 있었어. 더욱이 루사는 반시계 방향으로 이동하면서 본래 가지고 있던 수증기가 태백산맥에 가로막히자 상층부의 차가운 공기를 만나 응결 현상을 일으켰는데, 이때 큰 비구름대가 형성되었던 거지. 더욱이 이 비구름대는 북서쪽 오호츠크해의 습기가 많은 공기 덩어리와 만나면서 더욱 큰 힘을 발휘하게 된 거야. 이런 큰 태풍이 몰아닥치는 바람에 한반도는 물에 잠겨 버렸단다.

태풍의 또 다른 피해
홍수

태풍과 짝을 이뤄 우리에게 큰 피해를 주는 게 뭐가 있을까? 강력한 태풍이 육지에 상륙할 때 동반하는 많은 양의 비를 떠올릴 수 있지. 그렇게 해서 일어나는 재해가 바로 '홍수'란다.

대표적인 예로 1998년 10월 22일, 카리브해에서 만들어진 허리케인 '미치'를 들 수 있어. 미치는 중남미 대륙의 여러 나라를 일주일 동안 휩쓸었는데, 특히 온두라스의 피해가 가장 심했지. 폭발적인 집중 호우가 내려 대홍수가 일어났거든.

살인적인 진흙더미가 흘러 내려 수많은 사람들이 산채로 묻히는 비극적인 사태가 벌어졌어. 농민들이 애써 키운 쌀과 커피는 이 비 피해로 인해 모두 쓸모없게 되었단다.

온두라스의 미치 피해 현장

도전! 퀴즈

와~, 또리의 세계 친구들이 퀴즈 선물을 들고 찾아 왔어. 우리가 풀지 못하면 모두 크게 실망하겠지? 자, 누가 먼저 도전할래?

(1) 태풍은 주로 수온이 (　　)가 넘는 바다에서 태어나요.

(2) 태풍은 처음 (　　)으로 이동하다 (　　)으로 옮겨 가요.

(3) (　　)은 태풍의 아킬레스 건이라고 할 수 있어요.

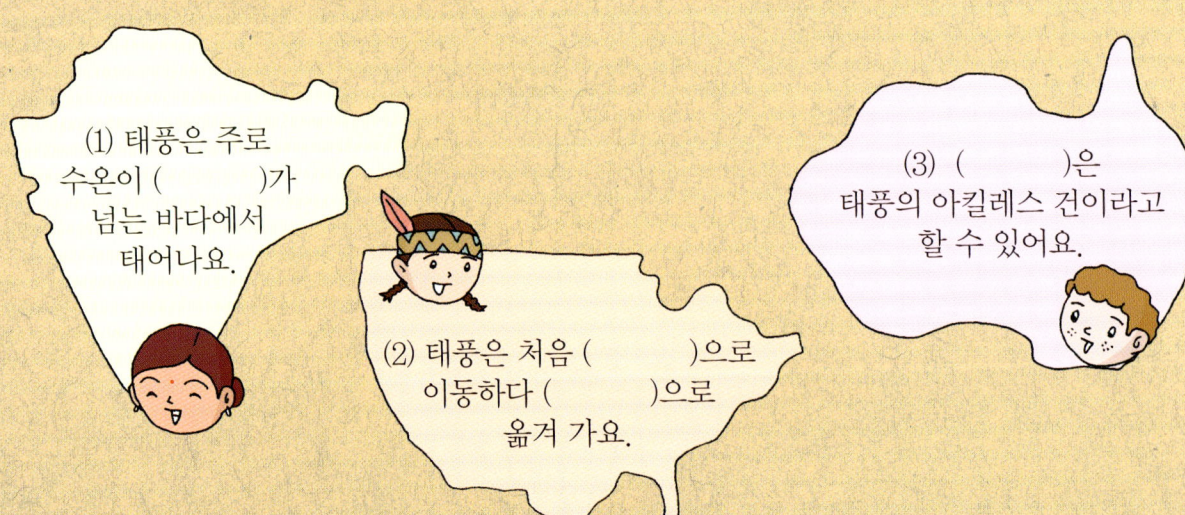

또리의 체험학습
기상청 태풍교실 방문기!

환상의 매직쇼, 오로라
지구 수비대, 오존층

안녕! 나는 '오로라 공주'야. 오로라는 로마 신화에 등장하는 새벽의 여신 아우로라의 영어식 이름이지. 그러니까 나를 '새벽 공주'라고 불러도 돼. 서양에서는 내가 북반구에 나타나면 오로라 보레알리스(Aurora borealis 새벽을 닮은 북쪽의 빛), 남반구에 나타나면 오로라 오스트랄리스(Aurora australis 새벽을 닮은 남쪽의 빛)라고 부른단다.

내가 우리 친구들을 찾아 온 이유는 지구에서 가장 신비로운 자연 현상인 오로라를 소개하기 위해서야. 추운 극 지방 주변에서 흰색, 푸른색, 보라색, 초록색, 붉은색 등의 아름다운 빛으로 밤하늘을 화려하게 수놓는 오로라의 모습은 정말 장관이지. 그런데 극 지방 부근에 사는 친구들은 매일 밤 나를 볼 수 있지만, 한국은 북반구의 중위도에 있기 때문에 아마도 나를 자주 보지 못할 거야. 그렇지만 지금부터 내가 들려주는 이야기를 잘 들으면 오로라에 대해서 많은 것을 알 수 있게 된단다.

아, 한 가지 더! 태양의 자외선으로부터 우리를 지켜주는 지구 수비대 '오존층'도 같이 만나 볼 거야. 요즈음 오존층이 환경오염 때문에 심한 몸살을 앓고 있다지? 오존층이 제 역할을 하지 못하면 지구가 너무 많은 자외선을 받게 되어 우리의 소중한 자연까지 해를 입게 될 거야. 오존층이 얼마나 중요한지 깨닫지 못하고 제멋대로 환경을 파괴하는 사람들은 모두 반성해. 자, 그럼 지금부터 우리의 멋진 친구들인 오로라와 오존층을 만나러 가 볼까?

초등 6-2 쾌적한 환경

아름답기 그지없어라!
오로라 Best

우주에서 찍은 오로라

우주에서 찍은 오로라

지구로 진입하는 우주 왕복선에서 촬영한 오로라야. 미국 항공 우주국(NASA)에서 운영하는 웹사이트(www.nasa.gov)에 들어가 보면 더 많은 종류의 오로라 사진들을 볼 수 있단다.

옐로우나이프 오로라

옐로우나이프는 캐나다의 노스웨스트에 있는 작은 도시로 북위 62° 부근에 위치하고 있어. 이 도시는 오로라대 바로 밑에 자리하고 있기 때문에 전 세계에서 오로라를 가장 잘 볼 수 있는 곳이기도 해.

옐로우나이프에서 찍은 오로라

페어뱅크스에서 찍은 오로라

페어뱅크스 오로라

북위 66°에 위치한 미국 알래스카주 페어뱅크스는 겨울이면 영하 30℃까지 내려가지만, 북극 하늘을 화려하게 수놓는 오로라를 볼 수 있는 알래스카 제2의 도시이기도 하지.

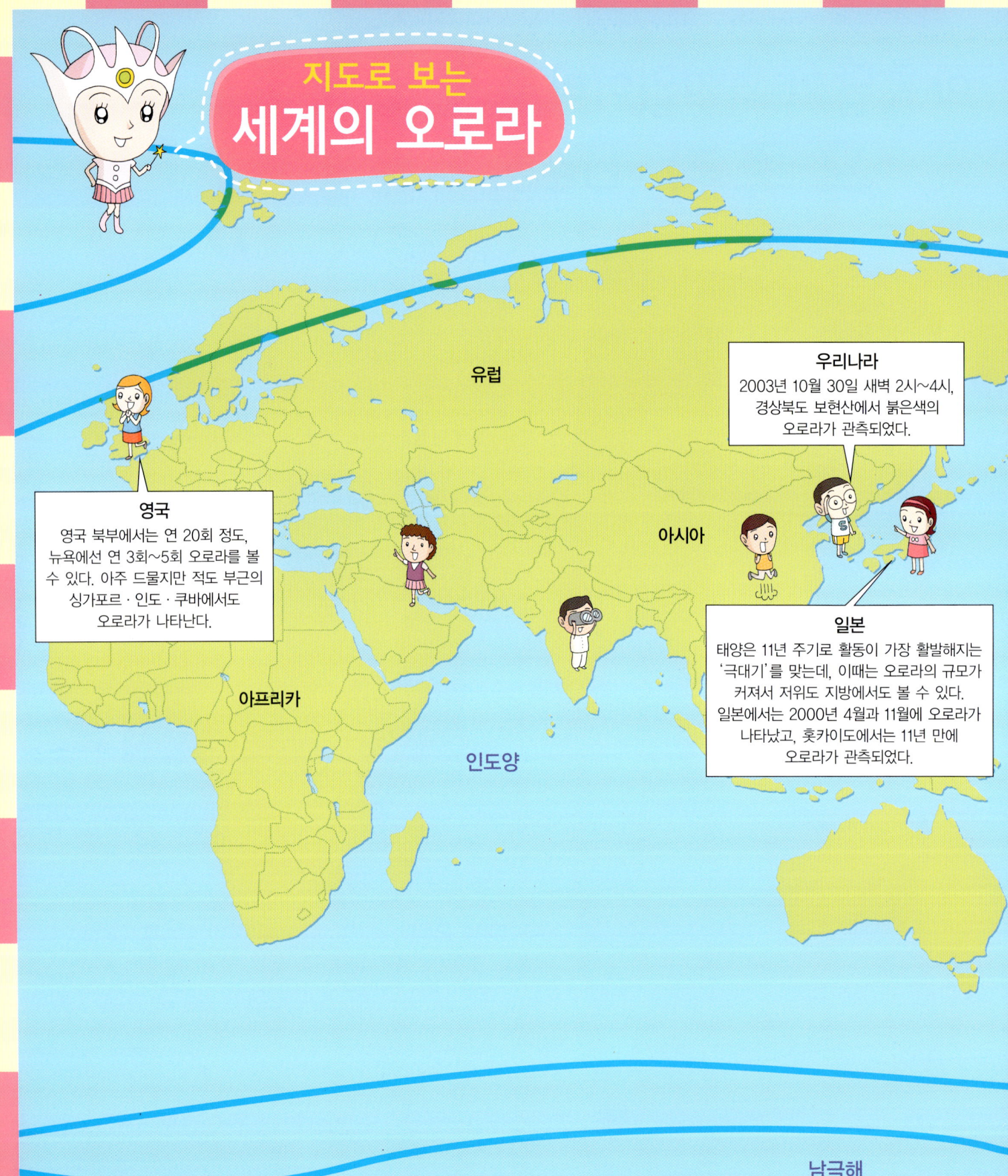

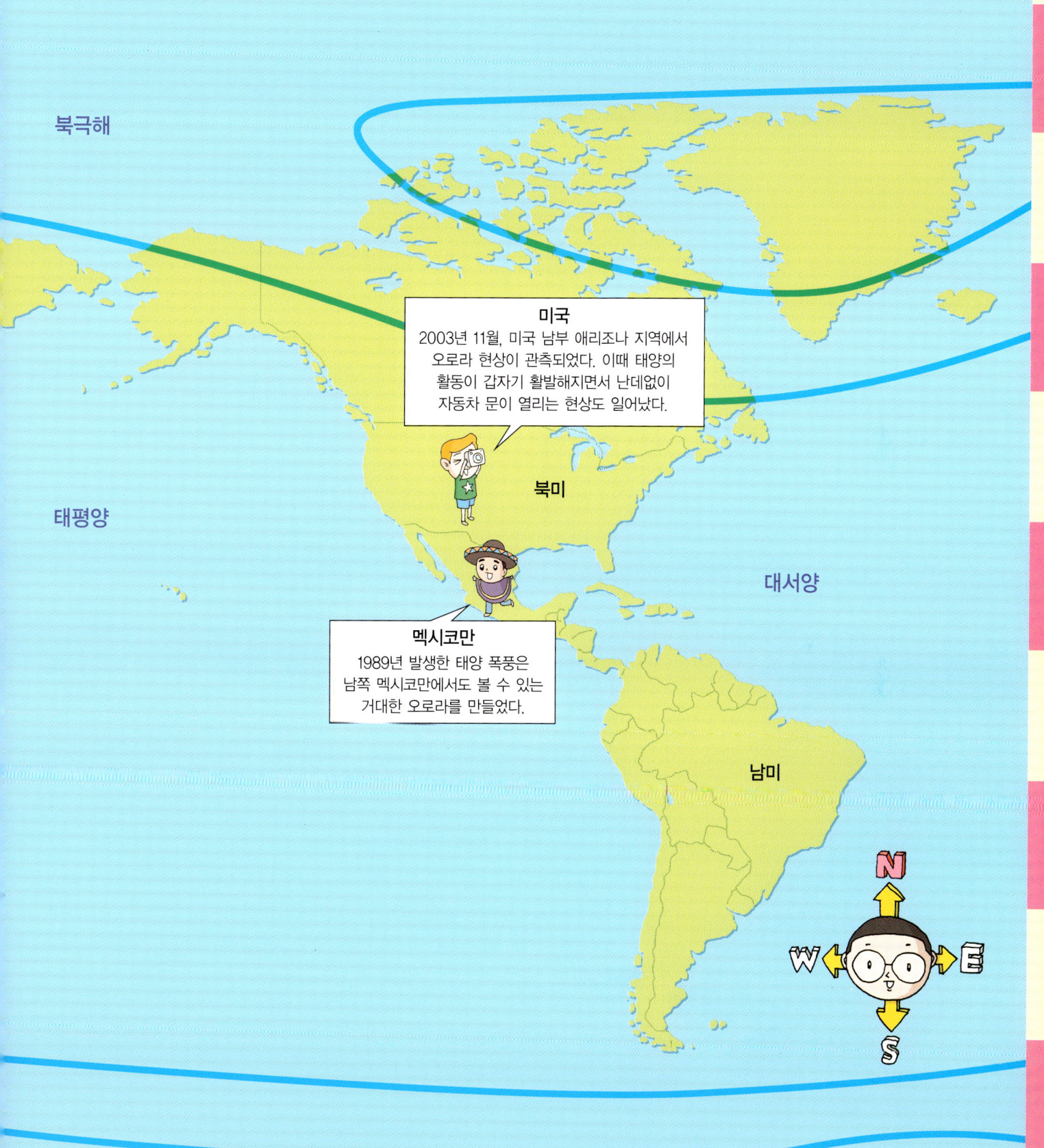

또리와 함께 배우는
오로라와 오존층 이야기

 오로라 이야기

1. 오로라가 뭔가요?

우리가 즐겨 보는 텔레비전으로 오로라에 대해 공부해 볼까? 먼저 텔레비전 화면에는 색깔을 나타내는 형광체가 코팅되어 있는데, 이를 지구의 대기권에 있는 공기 분자들이라고 가정해 보자. 그리고 태양풍은 텔레비전의 전자총이라고 생각하는 거야. 자, 이제 전자총으로 화면 위에 전자를 뿌리면 여러 색깔들이 조합을 이룬 모습이 화면에 나타날 거야. 이처럼 태양풍 역시 지구의 공기 분자에 전기를 띤 입자들을 쏘아대서 오로라를 만드는 거지.

2. 오로라는 왜 생길까요?

갑자기 번개가 치면서 순간 하늘이 푸르스름한 빛으로 덮이는 걸 본 적 있니? 오로라는 이런 방전 현상으로 인해 생기는 거란다. 태양에서 폭발이 일어나면 많은 양의 전기를 띤 입자인 양성자와 전자들이 발생하는데 이들은 마치 바람처럼 태양을 중심으로 사방으로 퍼져 나가게 돼. 우리는 이를 '태양풍'이라고 부르는데, 이 중 일부가 우리 지구로 찾아오는 거야.

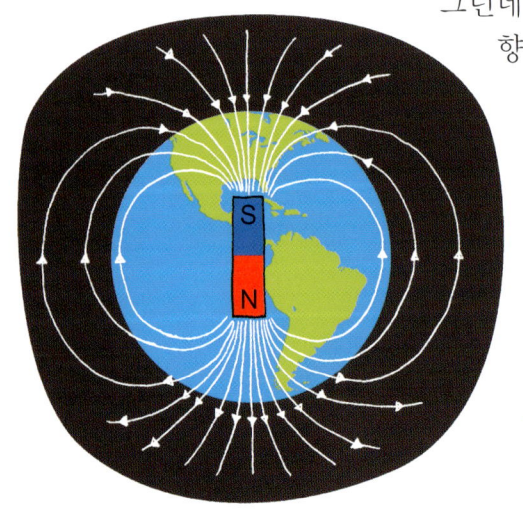

그런데 지구는 하나의 커다란 자석처럼 자기력(자석의 기운)을 우주 공간을 향해 뻗치고 있어. 이 자기력은 자기장(자석의 기운이 미치는 공간)을 형성하여 태양풍을 막아주는 역할을 하지. 다시 말해, 태양풍의 양성자와 전자를 붙들어서 직접 지구로 쏟아져 내리지 못하게 하는 거야.

이렇게 붙잡힌 입자들은 지구의 자기장을 따라 뱅뱅 돌면서 극을 향해 이동하다가 높이 100km~500km 사이에 있는 공기 분자들과 충돌을 하게 돼. 그런 후에 가시광선, 자외선 그리고 적외선 영역의 빛을 내게 되는데, 이때 우리가 보는 오로라는 바로 가시광선 영역에서 나오는 빛이란다.

지구의 자기장

3. 오로라는 주로 어디에서 볼 수 있나요?

오로라는 흔히 북극 주변 지역에서 잘 볼 수 있다고 하는데, 여기서 말하는 북극은 다름 아닌 지구 자기장의 북극을 말하는 거야. 지도에 나타나 있는 북극은 항상 같은 위치지만 자기장의 북극은 매년 조금씩 변하거든. 지금은 캐나다 북부의 엘레프링 그레스섬이 자기장의 북극으로 관측되고 있어. 그러니까 지금부터 북극이라고 하면 자기장의 북극으로 생각해야 해.

오로라가 가장 잘 나타나는 지역은 극을 중심으로 위도 $65°\sim70°$ 부근인데, 우리는 이곳을 '오로라대'라고 부른단다. 시베리아 북부 연안이나 알래스카 중부 지역 등이 여기에 해당되는데, 밤에 날씨만 흐리지 않는다면 자주 오로라를 볼 수 있다고 해.

4. 오로라의 색깔은 왜 여러 가지인가요?

오로라는 흰색, 푸른색, 보라색, 초록색, 붉은색 등 여러 가지 색깔을 띠고 있어. 태양에서 오는 전기를 띤 입자들은 지구 상공에서 여러 종류의 공기 분자들과 충돌하는데, 이때 그 부딪치는 세기가 조금씩 다르기 때문에 오로라의 색깔 또한 다양하게 나타나는 거야. 보통 높은 상공에 있는 산소 분자와 충돌하면 온통 붉은색의 오로라를 만들고, 반대로 낮은 상공에 있는 산소 분자와 충돌하면 밝고 화려한 초록색의 오로라를 만들어 낸단다. 음, 아마도 이런 화려한 색깔 때문에 오로라를 '태양이 지구로 보내는 그림엽서'라고 말하는 것 같아.

🫧 오존층 이야기

1. 오존층이 뭔가요?

오존은 산소 원자 3개로 이루어진 분자 물질을 말하는데, 지구의 성층권 내 25km 부근에서 한데 뭉쳐 오존층을 형성하고 있어. 지구를 뼁 둘러싸고 있는 오존층은 태양에서 오는 해로운 자외선을 흡수하기 때문에, 그야말로 지구의 '슈퍼 울트라 초대형 양산'이라고 할 수 있지.

오존층

2. 오존층은 어떻게 만들어지나요?

오존층을 이루는 오존이 어떻게 만들어지는지, 또 오존이 어떻게 태양의 자외선을 흡수하여 우리를 지켜 주는지 궁금하지? 먼저 성층권에 분포하고 있는 산소 분자는 태양의 자외선을 받으면 산소 원자로 각각 분리가 돼. 그럼 이때 태양의 자외선이 흡수되는 거야(그림 1, 2). 다음으로 각각 떨어진 산소 원자는 주위에 있는 산소 분자와 충돌하는데, 산소 분자는 산소 원자와 화학 반응을 일으켜서 합성이 되고 산소 원자 3개로 이루어진 오존 분자가 되는 거야(그림 3, 4). 이렇게 해서 만들어진 오존 분자들이 모여 오존층을 이룬단다.

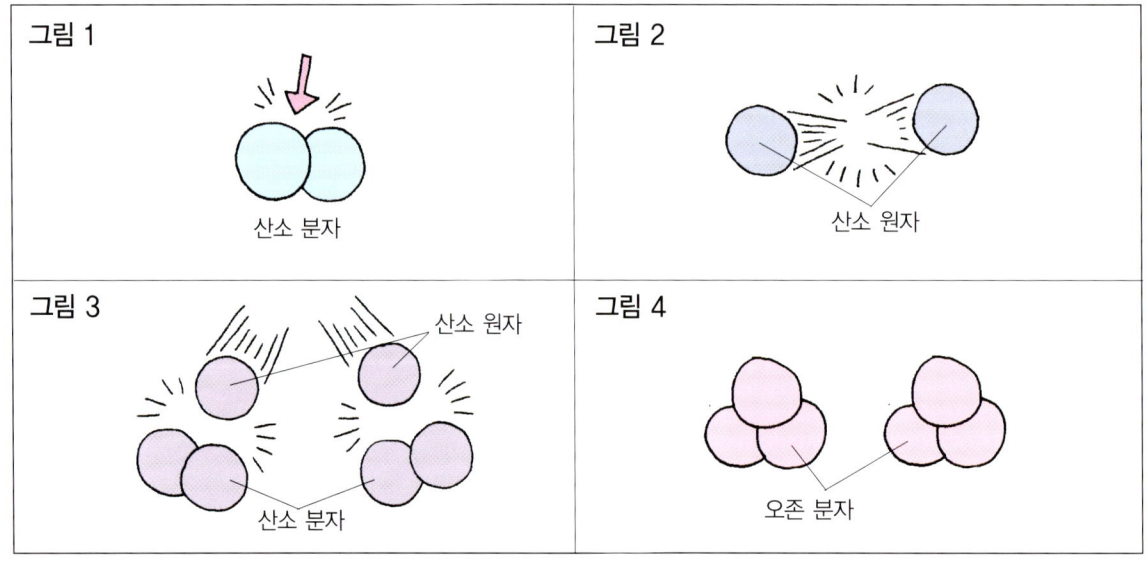

오존의 생성 과정

3. 오존층은 왜 파괴되는 거죠?

사실, 오존층 파괴는 다이너마이트가 한 번에 '쾅' 하고 터지는 것처럼 하루, 이틀 새에 일어난 일이 아니야. 아주 오랜 시간에 걸쳐 그 두께가 점점 얇아진 거라고 할 수 있지.

그러면 오존층은 왜 파괴되는 걸까? 그 원인은 바로 우리 사람들한테 있단다. 우리가 프레온(CFCs)이라는 화학물질을 쓰기 시작하면서 오존층 파괴가 일어난 거야. 원래 프레온 가스는 헤어스프레이, 냉장고 냉매 등으로 사용됐는데, 화학적으로 아주 단단히 결합되어 있어서 성층권까지 올라가서야 자외선에 의해 분해가 이루어졌어. 이 과정에서 염소 분자가 방출되면서 오존층의 파괴를 주도하게 된 거란다.

4. 오존층이 파괴되면 무슨 일이 일어날까요?

미국 항공 우주국의 연구에 의하면 남극 대륙 상공의 오존층은 이미 절반 정도가 파괴되었고, 그 면적만 해도 남한의 323배에 이른다고 해.

자외선은 파장의 길이에 따라 A, B, C 세 종류로 구분되는데, 이 중에서 자외선 B가 가장 해롭단다. 이 자외선 B에 장시간 노출되면 기미나 검버섯 등의 색소가 피부에 남게 되고, 심한 경우에는 피부암까지 걸리기도 해. 또 백내장이라는 심각한 눈 질환이 생길 수도 있지.

오존층이 제 역할을 하지 못하면 그 피해는 사람만 입는 게 아니야. 자외선은 지구에 생존하는 동식물들의 DNA를 파괴해서 다양한 돌연변이를 일으키기 때문에, 결국 생태계의 질서를 무너뜨린단다. 그 뿐만 아니라 바다 속 플랑크톤까지 멸종시켜서 해양 생물들의 먹이 사슬을 파괴하고 해양 생태계의 큰 혼란을 일으키지. 그야말로 오존층 파괴는 지구를 죽음의 행성으로 만드는 것과 같은 거야.

정말 큰일이야
남극의 오존 구멍 발견!

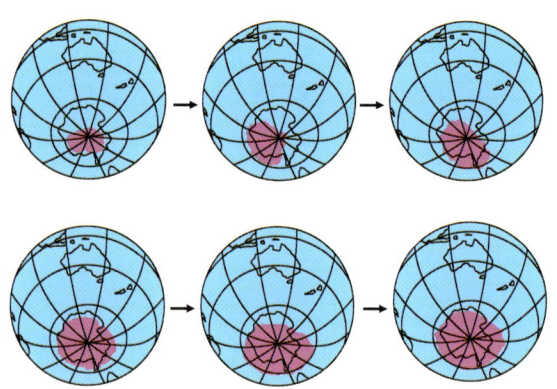

점점 커지고 있는 오존 구멍

1985년, 최초로 남극 핼리베이 기지의 영국 탐사대에 의해 남극 대륙 상공에 오존 구멍이 있다는 것이 발견되었어. 과학자들은 남극의 대기권 12km~24km 지점에 있는 오존층 밀도가 지속적으로 감소해 왔으며, 특히, 매년 봄철에는 오존층에 커다란 구멍이 생긴다는 것을 밝혀냈지. 뿐만 아니라, 1987년 10월에는 오존층 구멍이 미국 대륙만큼이나 넓혀졌다는 것도 알아냈어. 오존층 파괴와 지구 온난화 문제가 불거지면서 프레온 가스 사용을 규제하는 등의 정책이 시행되고 있지만, 무엇보다 우리 모두 적극적으로 환경 보호 활동에 참여하는 자세가 필요하단다.

도전! 퀴즈

오로라 공주의 설명 덕분에 많은 것을 배웠어. 그럼 지금부터 네모 상자 속 설명을 읽고 '그래'는 →를, '아니'는 ⋯⋯→를 따라가 보렴.

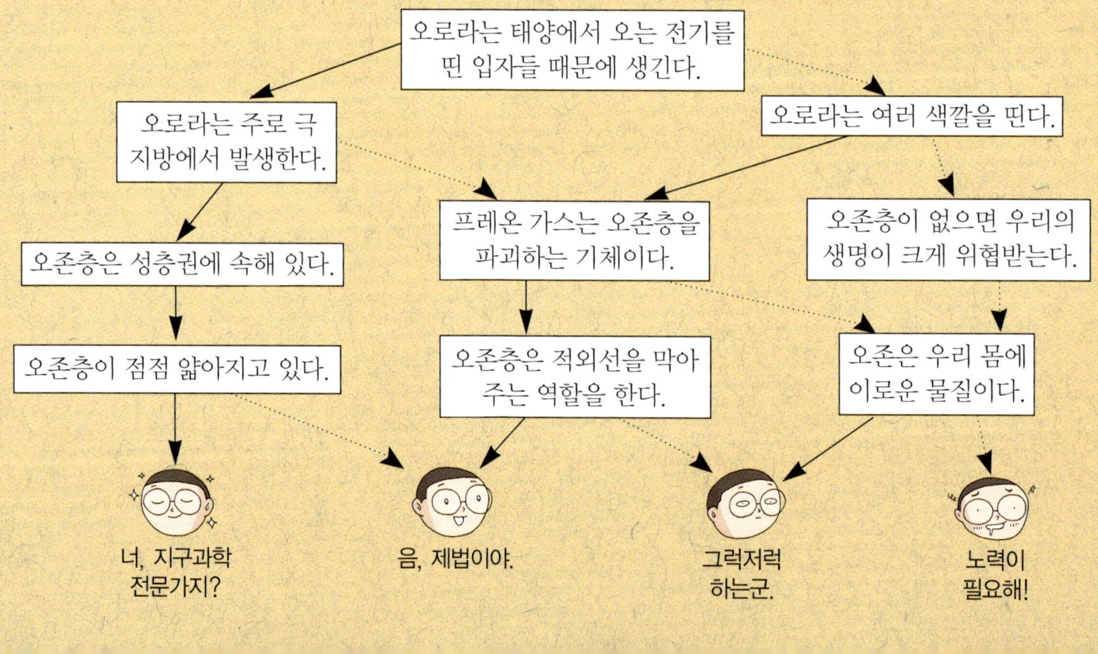

- 오로라는 태양에서 오는 전기를 띤 입자들 때문에 생긴다.
- 오로라는 주로 극 지방에서 발생한다.
- 오로라는 여러 색깔을 띤다.
- 오존층은 성층권에 속해 있다.
- 프레온 가스는 오존층을 파괴하는 기체이다.
- 오존층이 없으면 우리의 생명이 크게 위협받는다.
- 오존층이 점점 얇아지고 있다.
- 오존층은 적외선을 막아 주는 역할을 한다.
- 오존은 우리 몸에 이로운 물질이다.

너, 지구과학 전문가지? / 음, 제법이야. / 그럭저럭 하는군. / 노력이 필요해!

또리는 예술가
북극의 멋진 이글루 완성!

한눈에 보는 우리나라의 해양

명태
리만 한류
게
청진
성진
신포
북한 한류
명태
원산
포항

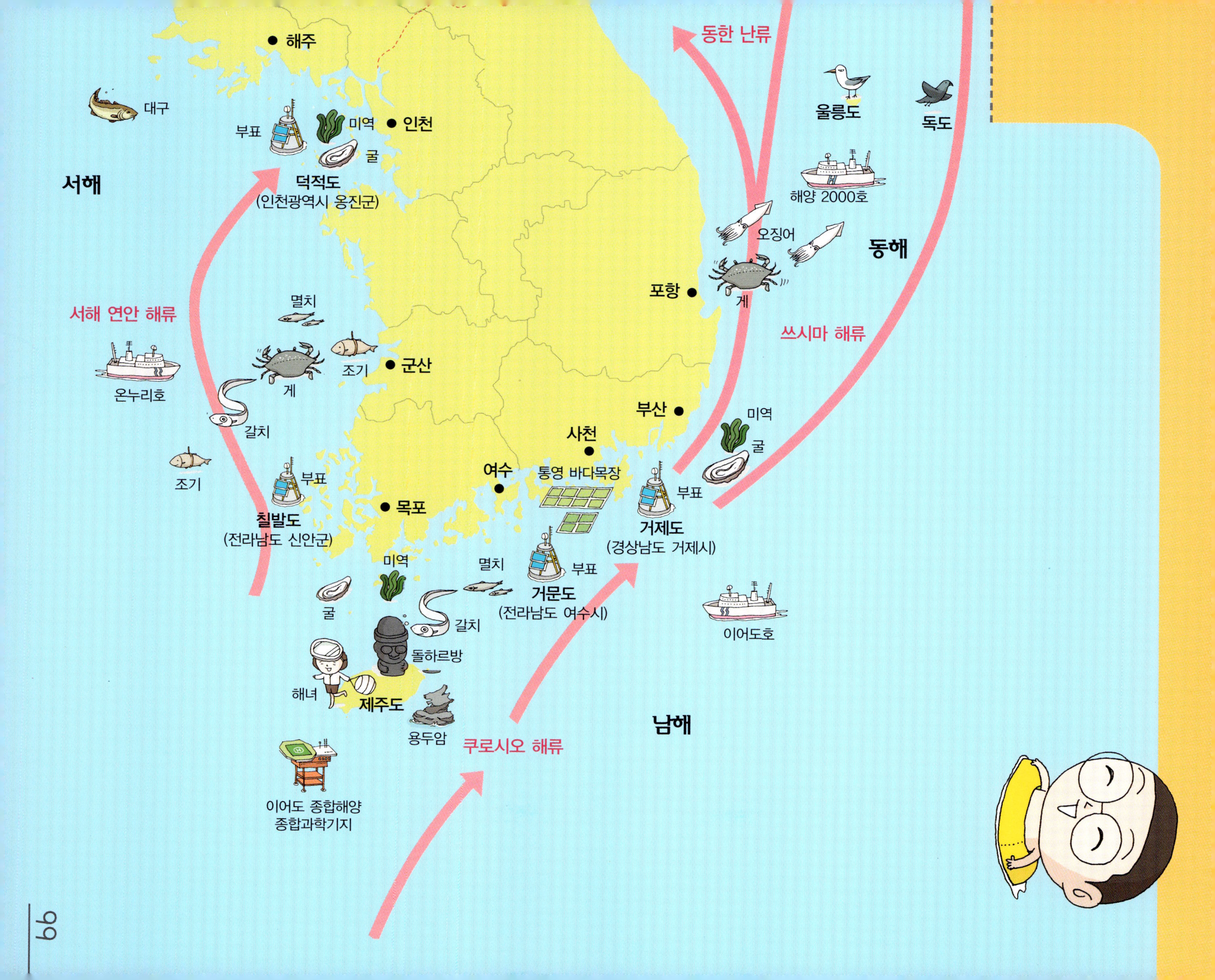

한눈에 보는 지구과학 관련기관

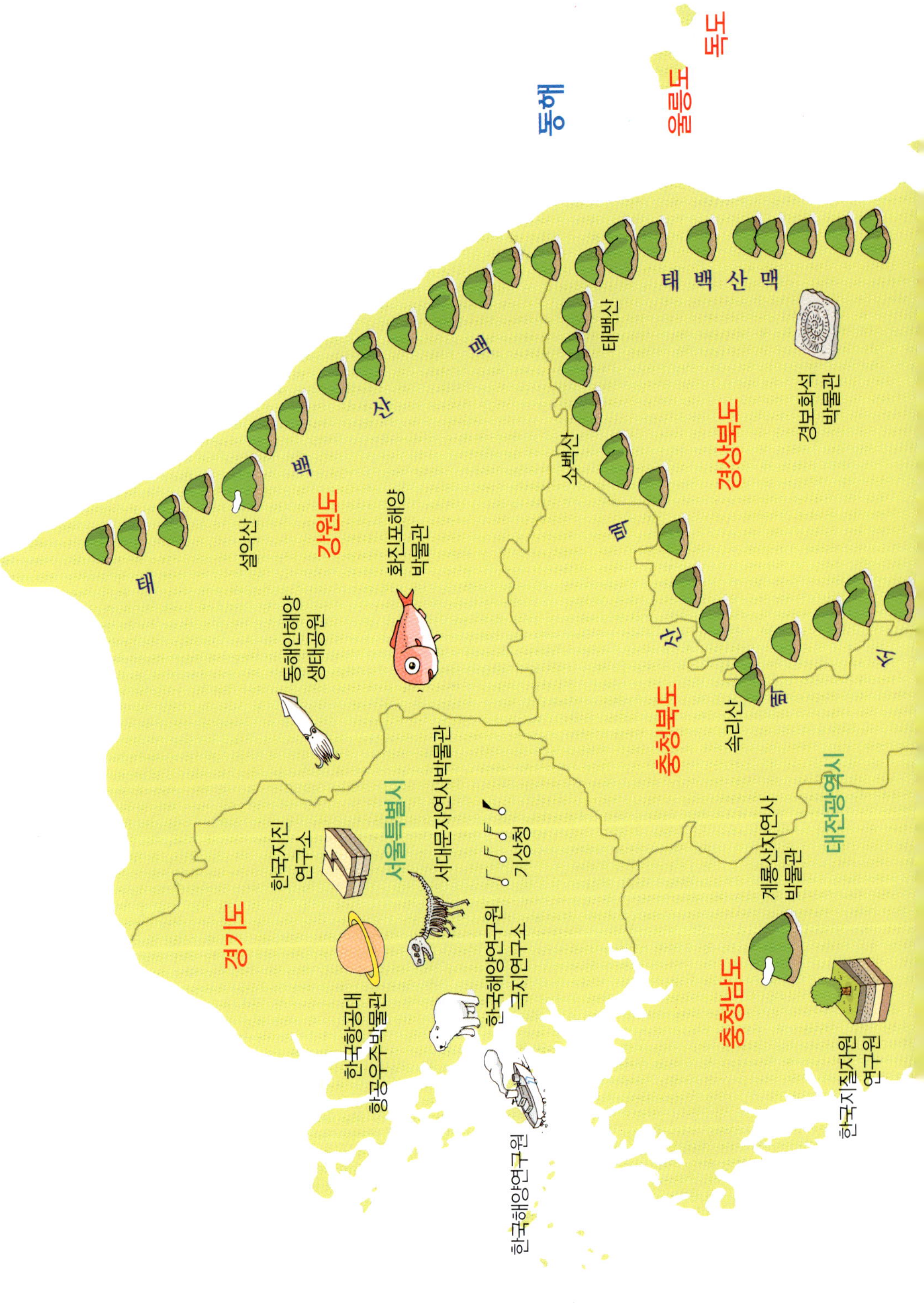

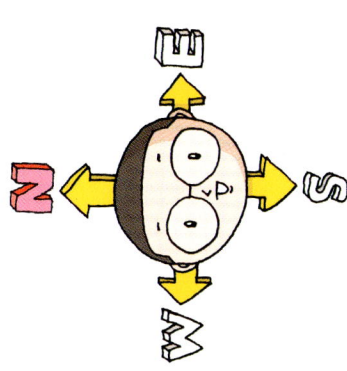

한눈에 보는 세계의 극지

- 남극의 자연환경 -

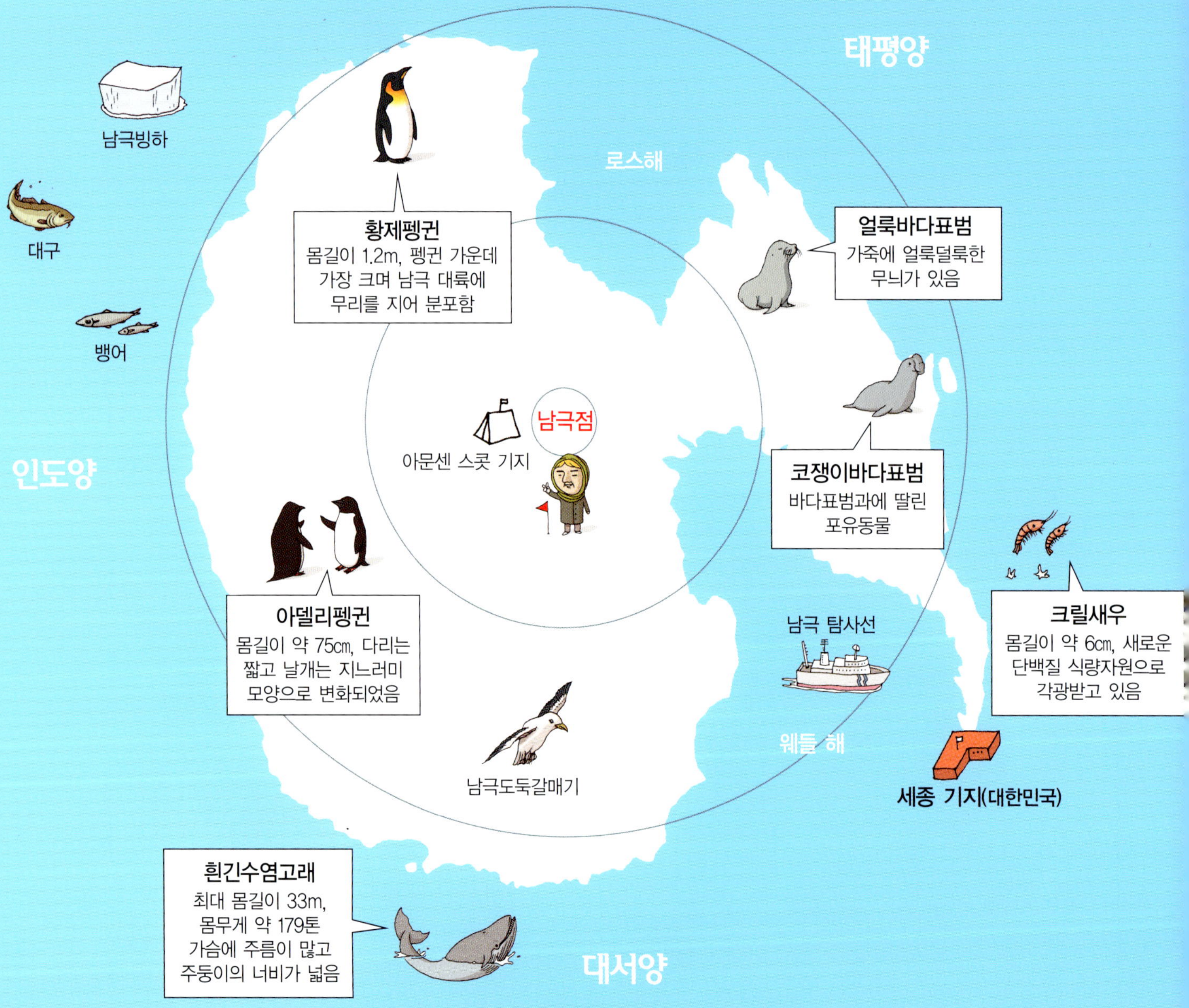

태평양

로스해

남극빙하

대구

뱅어

인도양

황제펭귄
몸길이 1.2m, 펭귄 가운데 가장 크며 남극 대륙에 무리를 지어 분포함

얼룩바다표범
가죽에 얼룩덜룩한 무늬가 있음

아문센 스콧 기지
남극점

코쟁이바다표범
바다표범과에 딸린 포유동물

아델리펭귄
몸길이 약 75㎝, 다리는 짧고 날개는 지느러미 모양으로 변화되었음

남극 탐사선

크릴새우
몸길이 약 6㎝, 새로운 단백질 식량자원으로 각광받고 있음

웨들 해

세종 기지(대한민국)

남극도둑갈매기

흰긴수염고래
최대 몸길이가 33m, 몸무게 약 179톤 가슴에 주름이 많고 주둥이의 너비가 넓음

대서양

- 북극의 자연환경 -

바렌츠해

배핀만

누크

도둑갈매기

그린란드
(덴마크 영토)

이글루

하프바다표범

에스키모인

북극점

혹등고래
몸길이 12m~17m, 검은 색을 띠며 등과 옆구리에 흰 무늬가 많음

일각고래
몸길이 4m~5m, 몸무게 8톤~1.6톤, 주로 찬 바다 밑에 살며 긴 뿔을 쉽게 움직일 만큼 목이 아주 유연함

북극곰
다른 곰보다 머리가 작고 목이 길며, 귀는 작고 둥근 편임

사향소
검은 빛을 띤 갈색 털로 길게 덮여 있으며, 그린란드, 캐나다 등지에서 생활함

레밍
야행성으로 겨울에는 눈 속에, 여름에는 땅속에 터널을 만듦

바다코끼리
세계적인 보호동물, 암수 모두 2개의 송곳니가 길게 나 있음

향유고래
이빨고래류 중에서 가장 크며, 잠수력이 매우 뛰어남

103

정답을 알려 줄게

22쪽

1. 재산 피해액이 200조 원에 달했다고 해.
2. ✗ 환태평양 지진대
3.
4. ✗ 유라시아판과 인도-오스트레일리아판
5.

32쪽

	(나)탐				(2)마	그	마
	보						우
	라						나
(가)(1)화	산	겨	울				로
구				(3)열	(라)점		아
					성		산

42쪽

(1) 가장 긴 꼬리를 가진 공룡이야. 콧구멍이 머리 위쪽에 뚫려 있어서 물속에 푹 잠겨 있어도 숨 쉬는 데 별 어려움이 없었대.

(2) 가장 머리가 단단한 초식 공룡이야. '박치기의 제왕'으로 불렸지.

(3) '별난 도마뱀'이란 별명을 가졌대. 날카로운 발톱으로 쥐라기 초원을 할퀴고 다녔지.

(4) '물고기 도마뱀'이란 뜻을 지녔단다. 작은 돌고래를 닮아 너무 귀여워.

54쪽

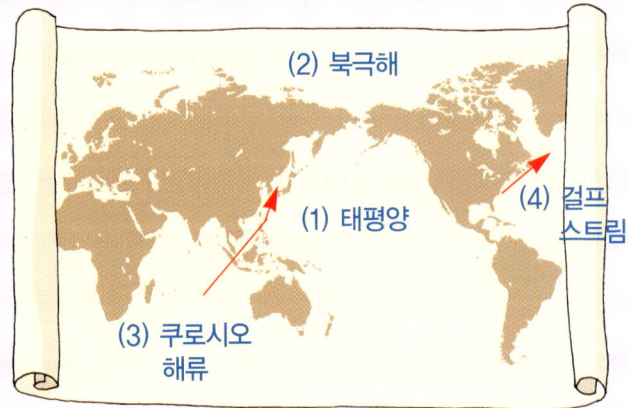

(1) 태평양
(2) 북극해
(3) 쿠로시오 해류
(4) 걸프 스트림

64쪽

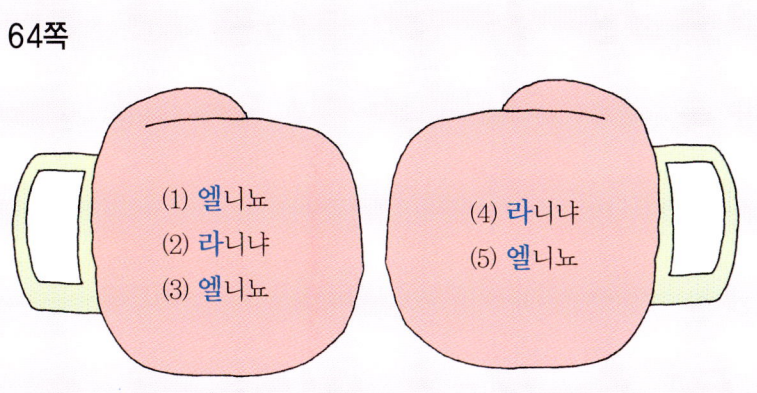

(1) 엘니뇨
(2) 라니냐
(3) 엘니뇨
(4) 라니냐
(5) 엘니뇨

76쪽

(1) 제트류
(2) 편서풍
(3) 북동, 남동
(4) 적도 무풍대

86쪽

(1) 27℃
(2) 서쪽, 북쪽
(3) 태풍의 눈

96쪽

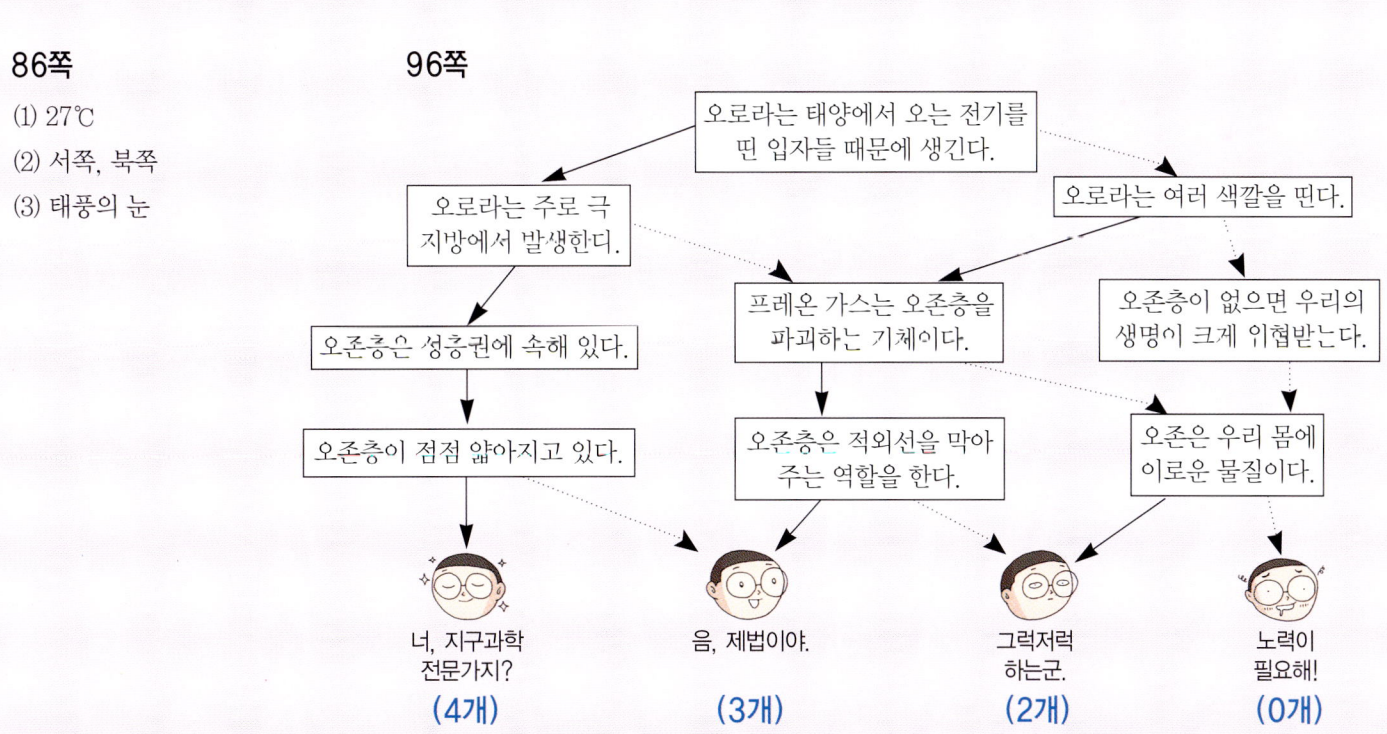

105

찾아보기

ㄱ
가시광선	10, 92
각운동량 보존의 법칙	54
간다사이	18
걸프 스트림	52
고기압	72, 82
고베	15
고비 사막	74
곤드와나 대륙	40
공기 기둥	84
극 편동풍	73
기요	11
기화열	83

ㄴ
나마카오카하이	28
남동 무역풍	76
내몽골 사막	74
뇌우	11

ㄷ
대륙붕	11
대륙사면	11
대양저	11
돌개바람	69
디플로도쿠스	35, 41

ㄹ
래리	79
로렌시아 대륙	40
루사	85

ㅁ
마그마	28, 30
마리아나해	47
마우나로아산	25
마이아사우라	34
마이크로랩터 구이	35
맨틀	15, 19, 28
모호로비치치	14
무역풍	61, 73
브라피산	31
미국 항공 우주국	89, 95
미치	86
밀물	53, 54

ㅂ
방전 현상	92
백내장	95
백두산	29
베수비오산	32
벤자민 프랭클린	52
북극해	47
북동 무역풍	76
불의 고리	31
불칸	24
브라키오사우루스	41
비티아스 해연	47

ㅅ
사라	79
사해	47
사화산	2
사이클론	78
삼국유사	68
상승 기류	72, 75
성층권	94
성층화산	29
셀마	79
순상화산	29
스테오사우루스	41
스페인	57
시조새	42
심층류	52
썰물	53, 54
쓰나미	15, 22

ㅇ
아르젠티노사우루스	35
아르카이옵테릭스	42
아시아 먼지	74
아파토사우루스	41
안초비	56
알로사우루스	41
에오랩터	35
에콰도르	57
에트나산	24
열대성 저기압	82, 83
열대성 폭풍	82
열점	30
염류	51
염화마그네슘	51
옐로우나이프	89
오로라대	93
오로라 보레알리스	88
오로라 오스트랄리스	88
오호츠크해	85
온난전선	11
온두라스	86
용승류	61, 62
용암	28
우주 배경 복사	69
운량	11
원심력	53
유라시아판	21
음파	20
이슬점온도	11
인도네시아	15, 64
인도 - 오스트레일리아판	21
인력	53

ㅈ

자기력	92
자기장	92, 93
자외선	10, 88, 92
저기압	72, 82
적도 무풍대	76
적외선	10, 92
전향력	73
정체전선	11
제트류	69
조류	53
종상화산	29
진눈깨비	11
지각	15, 19, 28
지진파	18, 20
진앙	18
진원	18
지진 해일	22

ㅊ

챌린저 해연	47
철	74
취송류	52
칠레	15, 20

ㅋ

카드뮴	74
카트리나	79
크롬	74
킬라우에아산	25

ㅌ

타클라마칸 사막	74
탐보라산	25
태양 복사 에너지	72, 82
태양풍	92
태평양	47
태풍의 눈	84
테티스해	40
토네이도	69, 78
티라노사우루스	34, 40
팁	78

ㅍ

파키스탄	14, 21
파키케팔로사우루스	35
판	19
판게아	40
페어뱅크스	89
페루	56, 57
펠레	28
편서풍	73, 75
폐쇄전선	11
폼페이	32
풍백	68
프레온	95, 96
플랑크톤	62, 95
피부암	95

ㅎ

하강 기류	72
한기	29
한랭전선	11
해구	11
해령	11
해류	52
해산	11
허리케인	78
헤파이토스	24
호상열도	30
홍수	86
화구	29
화산 겨울	32
화산섬	11
화산 쇄설물	29
화산재	28, 32
환태평양 화산대	31
활화산	29
황사	69, 74, 75
황산마그네슘	51
황산칼슘	51
황토 고원	74
회오리바람	78
휴화산	15, 29